Daniel Unger

Charlotte Roche - eine Popliteratin?

Eine exemplarische Analyse der Werke
Feuchtgebiete (2008) und Schoßgebete (2011)
bezüglich ihrer Zugehörigkeit zur
literarischen Entwicklungslinie der Popliteratur

Bachelor + Master
Publishing

Unger, Daniel: Charlotte Roche - eine Popliteratin? Eine exemplarische Analyse der Werke Feuchtgebiete (2008) und Schoßgebete (2011) bezüglich ihrer Zugehörigkeit zur literarischen Entwicklungslinie der Popliteratur, Hamburg, Bachelor + Master Publishing 2013
Originaltitel der Abschlussarbeit: Charlotte Roche - eine Popliteratin?

Buch-ISBN: 978-3-95549-346-2
PDF-eBook-ISBN: 978-3-95549-846-7
Druck/Herstellung: Bachelor + Master Publishing, Hamburg, 2013
Covermotiv: © Kobes · Fotolia.com
Zugl. Universität Koblenz-Landau, Koblenz, Deutschland, Masterarbeit, April 2013

Bibliografische Information der Deutschen Nationalbibliothek:
Die Deutsche Nationalbibliothek verzeichnet diese Publikation in der Deutschen Nationalbibliografie; detaillierte bibliografische Daten sind im Internet über http://dnb.d-nb.de abrufbar.

Das Werk einschließlich aller seiner Teile ist urheberrechtlich geschützt. Jede Verwertung außerhalb der Grenzen des Urheberrechtsgesetzes ist ohne Zustimmung des Verlages unzulässig und strafbar. Dies gilt insbesondere für Vervielfältigungen, Übersetzungen, Mikroverfilmungen und die Einspeicherung und Bearbeitung in elektronischen Systemen.

Die Wiedergabe von Gebrauchsnamen, Handelsnamen, Warenbezeichnungen usw. in diesem Werk berechtigt auch ohne besondere Kennzeichnung nicht zu der Annahme, dass solche Namen im Sinne der Warenzeichen- und Markenschutz-Gesetzgebung als frei zu betrachten wären und daher von jedermann benutzt werden dürften.

Die Informationen in diesem Werk wurden mit Sorgfalt erarbeitet. Dennoch können Fehler nicht vollständig ausgeschlossen werden und die Diplomica Verlag GmbH, die Autoren oder Übersetzer übernehmen keine juristische Verantwortung oder irgendeine Haftung für evtl. verbliebene fehlerhafte Angaben und deren Folgen.

Alle Rechte vorbehalten

© Bachelor + Master Publishing, Imprint der Diplomica Verlag GmbH
Hermannstal 119k, 22119 Hamburg
http://www.diplomica-verlag.de, Hamburg 2013
Printed in Germany

Inhaltsverzeichnis

1   **Einleitung** 3

2   **Die Popliteratur** 4
    2.1   Popliteratur – Eine Einordnung 4
    2.2   Ursprünge 6
         2.2.1   Dadaismus 6
         2.2.2   Beat-Generation 11
    2.3   Social Beat, Slam-Poetry und Trash 13
    2.4   Politisches Verständnis und Gesellschaftskritik der Popliteratur 16
    2.5   Gender in der Popliteratur 18
    2.6   Popliteratur und neue Medien 19
    2.7   Die mediale Inszenierung 24
    2.8   2001 – das endgültige Ende der Popliteratur? 27

3   **Inhaltliche Merkmale der Neuen Deutschen Popliteratur** 31
    3.1   Adoleszenz und Jugendlichkeit 31
    3.2   Warenwelt und Semantik von Marken 33
    3.3   Popmusik 36

4   **Stilistische Merkmale der Neuen Deutschen Popliteratur** 37

5   **Analyse: Feuchtgebiete – ein popliterarisches Werk?** 39
    5.1   Produktion 39
         5.1.1   Handlung 39
         5.1.2   Erzählposition 40
         5.1.3   Sprachwahl 40
         5.1.4   Inhaltliches 41
    5.2   Distribution 41
    5.3   Fazit Feuchtgebiete 42

6 Analyse: Schoßgebete – ein popliterarisches Werk? **44**
    6.1   Produktion 44
        6.1.1   Handlung 44
        6.1.2   Erzählposition 45
        6.1.3   Sprachwahl 46
        6.1.4   Inhaltliches und Stilistisches 47
    6.2   Distribution 51
    6.3   Fazit Schoßgebete 53

7 Fazit zu Charlotte Roche **55**

8 Literaturverzeichnis **58**
    8.1   Primärliteratur 58
    8.2   Forschungsliteratur 60
    8.3   Internetquellen 62

1 Einleitung

Gegenstand der vorliegenden Masterarbeit ist die *Popliteratur* und die zentrale Fragestellung, inwiefern die Autorin Charlotte ROCHE als Popliteratin bezeichnet werden kann. „Popliteratur" war noch in der zweiten Hälfte des 19. Jahrhunderts einer der meist verwendeten Begriffe innerhalb des deutschsprachigen Sprachraumes und auch gegen Ende der 90er-Jahre wurde intensiv über diesen Gegenstand diskutiert und debattiert. Mittlerweile ist das mediale Interesse merklich weniger geworden. Dies ist spätestens ab dem inoffiziell festgelegten Ende der Ära *Popliteratur* im Jahr 2001 der Fall, was im Übrigen anhand facettenreicher Begründungen auf diesen Zeitraum datiert wurde und fragwürdig erscheint. Unter anderem wird der Anschlag auf das World Trade Center und das angeblich dadurch entstandene Umdenken weg von der Spaßgesellschaft hin zu einem ernsthaften politischen Denken und einem gesellschaftlichen Verantwortungsgefühl als Grund genannt. Die vorliegende Arbeit erörtert, inwiefern Werke, die charakteristische formalsprachliche und inhaltliche Kriterien der *Popliteratur* erfüllen, auch nach 2001 dieser literarischen Entwicklungslinie zugeordnet werden können und geht dieser Frage exemplarisch anhand Charlotte ROCHES *Feuchtgebiete* (2008) sowie dem Nachfolgewerk *Schoßgebete* (2011) auf den Grund. In diesem Zusammenhang werden einige Problemstellungen aufgezeigt und gelöst. Beispielsweise wird thematisiert, ob „Epochenschwellen" festgelegt bzw. fließend verlaufen und wie „fließend" definiert werden kann. Des Weiteren wird diskutiert, ob der Zeitraum der Veröffentlichung als alleiniges Zuordnungskriterium sinnvoll und angemessen verwendet werden kann und wie viele charakteristische Kriterien ein Werk aufweisen muss, um zu einer Gattung oder Literaturströmung hinzugezählt werden zu können. Muss es sämtliche stilistische und inhaltliche Merkmale aufweisen oder reichen einige wenige aus? Zu Beginn der Arbeit werden die notwendigen theoretischen Verständnisgrundlagen gelegt, indem eine treffende Definition der Gattung und die Ursprünge der *Popliteratur* formuliert werden. Außerdem werden verschiedene Ansichten zum angeblichen „Ende der Popliteratur" im Jahre 2001 aufgezeigt. Der sich anschließende spezifische Prozess des literarischen Wertens und Vergleichens der beiden ROCHE-Werke wird anhand festgelegter Kriterien durchgeführt. Aufgrund dessen wird zunächst eine Übersicht erstellt, die die typischen stilistischen und inhaltlichen Merkmale der *Popliteratur* ausweist. Sie werden im nachfolgenden Abschnitt als Schablone verwendet und dienen der Analyse als Grundlage. Letztlich wird ein Fazit gezogen, inwiefern Charlotte ROCHE unter Berücksichtigung ihrer beiden Romane als Popliteratin kategorisiert werden kann.

2 Die Popliteratur

In vorliegendem Abschnitt wird die *Popliteratur* hinsichtlich ihrer Begrifflichkeit, ihrer historischen und aktuellen Entwicklung hin analysiert. Vorangestellte Informationen dienen als Verständnisgrundlage des in dieser Arbeit behandelten Themas und liefern substantielles Hintergrundwissen.

2.1 Popliteratur – Eine Einordnung

Der Begriff *Pop* stammt aus der Musik und verweist sowohl auf das Wort *popular*, also auf populär = beim Volke beliebt, als auch auf den Laut *pop*. Der Laut *pop* bedeutet so viel wie Zusammenstoß oder Knall. Auch wenn die Ableitung bzw. Herkunft des Begriffes recht eindeutig zu erklären ist, kann das Kürzel *Pop* dennoch sehr unterschiedliche Bedeutungen haben. Es kann etwa einen Hitparadeninhalt, eine neuere Jugend-, Massen- und/oder Alltagskultur, eine bestimmte Vermarktungsstrategie, einen in sich vielfach aufgefächerten Musikstil oder genauso gut eine gestalterische Grundhaltung gemeint sein.[1] Vorangestellte Nennungen haben exemplarischen Charakter und sind lediglich als einige wenige der zahlreichen Möglichkeiten anzusehen. Die vorhandene Bedeutungsinkongruenz bzw. -vielfalt innerhalb des Begriffes *Pop* lässt bereist erahnen, dass es umso schwieriger sein wird, den zusammengesetzten und komplexeren Begriff der *Popliteratur* eindeutig zu definieren. Dieser wurde durch den amerikanischen Medientheoretiker Leslie A. FIEDLER Ende der 60er-Jahre erstmals genannt und geprägt.[2] In diesem Zusammenhang ist anzumerken, dass der Begriff in seinen vermeintlichen Herkunftsländern USA und Großbritannien so gar nicht existiert, weil sich Popkulturbezug dort von selbst versteht.[3] Die Schwierigkeit, den Begriff eindeutig zu benennen, wird in der Fachliteratur häufig thematisiert. Sie liegt laut DEGLER und PAULOKAT daran, dass im Fall dieser Literaturgattung ein „äußerst ungleiches Vorverständnis des zu definierenden Gegenstandes vorliegt".[4] Die verschiedenen Bezeichnungen wie *Popliteratur, Neue Deutsche Popliteratur, Pop I* und *Pop II*, „*Suhrkamp-Pop*" sowie „*KiWi-Pop*" veranschaulichen sehr deutlich, wie inkongruent die Zuordnungen und deren Bezeichnungen sind. Bemerkenswert ist auch die Zweiteilung des *Pop I* und *II* in eine „höhere" und „niedere" Kunst, sowie Zuordnungsversuche, in denen der *Suhrkamp-Pop* Attribute wie „erlaubt" und der

---

[1] Vgl. ULLMAIER (2001), S.13.
[2] Vgl. ERNST (2001), S.7.
[3] Vgl. ULLMAIER (2001), S.12.
[4] DEGLER und PAULOKAT (2008), S.8.

KiWi-Pop[5] die Beschreibung „oberflächlich" erhält.[6] Diese differenten Zuordnungen mit positiver wie auch negativer Konnotation stehen analog zu einer polarisierten Deutung der *Popliteratur*, die in vielen literaturkritischen Diskussionen der letzten Jahre als Hoffnungsträger, aber auch als Krisenphänomen interpretiert wurde. Vorangehende Versuche der Kategorisierung erscheinen kaum sinnvoll und wenig hilfreich. Aufgrund dessen macht es Sinn, die Werke dieser literarischen Entwicklungslinie nach dem Datum ihrer Erscheinung zu kategorisieren. Rolf Dieter BRINKMANN war es, der FIEDLERS Begriff der *Popliteratur* aufgriff und ihn 1968 erstmals in Deutschland einführte.[7] Da alle Werke im Zeitraum zwischen 1995 und 2001 der *Neuen* oder auch *Jungen Deutschen Popliteratur* zugerechnet werden[8], erscheint es logisch, alle vorherigen Erscheinungen ab 1968 der *Popliteratur* zuzuordnen. Einhergehend mit dieser Unterscheidung zwischen *Popliteratur* und *Neuer Popliteratur* ist ein im Laufe der Zeit vollzogener Wandel der Inhalte und Formen zu beobachten. Die *Popliteratur* veränderte sich von einer Literatur gesellschaftlicher Außenseiter hin zu einem Aushängeschild der Unterhaltungsindustrie. Sie ist im Endeffekt die literarische Antwort auf die Industrialisierung und auf zwei Weltkriege sowie auf den anschließenden Kalten Krieg, da alle diese Geschehnisse zu einem Zweifel an aufklärerischen und humanistischen Werten führten. Dieser Wandel implizierte die Fragestellung nach dem Sinn einer hochkulturellen, bürgerlichen Literatur und die nun vorherrschende Skepsis wurde durch damalige gesellschaftliche Außenseiter, zu denen beispielsweise die Dadaisten[9] gehörten, verkörpert. Sie hatten im 20. Jahrhundert die Bestrebung, die Grenze zwischen Hoch- und Populärkultur aufzulösen und damit auch Themen, Stile, Schreib- und Lebensweisen aus der Massen- und Alltagskultur in die Literatur aufzunehmen.[10] Derartige Bemühungen waren durch einen Gestus der Selbstgewissheit geprägt, der den Willen implizierte, nicht nur auf ästhetischer, sondern auch auf gesellschaftlicher Basis zu neuen Ufern aufzubrechen. Ziel war es, „sich vom Überkommenen zu lösen und das Feld, in dem man operiert, selbst zu bestimmen und zu kontrollieren."[11] Diese Ideologie wurde damals unter dem Etikett *Underground* zusammengefasst. In diesem Zusammenhang kann die *Popliteratur* als Produkt der beschriebenen Bestrebungen angesehen werden. Popliteratur zeichnet sich durch Transformation aus. Das bedeutet, dass sich in einem dynamischen Prozess kulturelles Material und seine sozialen Umgebungen neu gestalten. Dabei

---

[5] beide Bezeichnungen basieren auf den Namen der Verlage, die die entsprechende Popliteratur vertrieben haben
[6] Ebd.
[7] Vgl. ERNST (2001), S.7.
[8] Vgl. DEGLER & PAULOKAT (2008), S.8
[9] Anm. Auf die Dadaisten wird in nachfolgenden Abschnitten nochmals detaillierter eingegangen.
[10] ERNST (2001), S. 9.

werden bisher festgelegte Grenzen überschritten. Das können Klassengrenzen, ethnische oder kulturelle Grenzen sein. Martin FRITZ zitiert in seinem Werk „*Ist doch nur Pop*" zwei weitere genannte Bedingungen, die für *Popliteratur* charakteristisch sind.[12] Zum einen nennt er die *Mehrfachcodiertheit*: Damit meint er die Eigenschaft von *Pop*, zugleich ein möglichst breites Publikum anzusprechen, aber dennoch ein schwer zugängliches Insider-Wissen vorauszusetzen, um sich von anderen Phänomenen und RezipientInnengruppen vehement abzugrenzen. Ein solches Insider-Wissen ist beispielsweise gegeben, wenn sich jemand in den für eine Undergroundszene spezifischen Gepflogenheiten und den dort vorherrschenden „ungeschriebenen Gesetzen" auskennt. Als zweite Bedingung nennt er die „sekundäre Künstlichkeit und Selbstreflexivität"[13]. Sie beschreibt die Eigenschaft von *Pop*, sich immer auf die eigene Geschichte und den eigenen Referenzraum zu beziehen und seine unnatürliche bzw. künstlich herbeigeführte Konstruktion bewusst zu betonen. Des Weiteren können der *Popliteratur* eine positive Beziehung zur wahrnehmbaren Seite der sie umgebenden Welt und deren Tönen und Bildern zugesprochen werden.[14] Hier wird darauf angespielt, dass sich *Pop* auf die Oberfläche und die Gegenwart konzentriert und im Endeffekt über einen positivistischen und unterschiedslosen Zugang zur Welt verfügt bei dem alles aufgenommen wird, was gesammelt und transformiert werden kann.

2.2 Ursprünge

In diesem Abschnitt wird ein historischer Überblick über die verschiedenen Formen der *Popliteratur* gegeben und aufgezeigt, wie sich diese entwickelt haben. Zudem wird der Einfluss der Geschichte, der Politik und der zu dieser Zeit vorherrschenden Theoriedebatten auf die *Popliteratur* aufgeführt.

2.2.1 Dadaismus

Um die Ursprünge und Beweggründe zu verstehen, die zur Entwicklung der *Popliteratur* geführt haben, wird zunächst die damalige Situation aus der Sicht junger Menschen und Künstler skizziert. Der erste Weltkrieg 1914 bis 1918 hatte ein bis dahin nicht gekanntes Ausmaß an Zerstörung, Tod und Leid herbeigeführt. Diese schreckliche und absolut menschenfeindliche Situation stellte die Werte und die Funktion der bürgerlich-humanistischen Kunst in Frage. ERNST beschreibt, dass als Reaktion auf diese Ereignisse viele junge Künstler

---

[11] ULLMAIER (2001), S.48.
[12] Vgl. FRITZ (2008), S. 61.
[13] Ebd.
[14] Vgl. DIEDRICHSEN (2002), S.10.

in die neutrale Schweiz emigrierten, um nicht mehr am Krieg teilnehmen zu müssen.[15] Unter anderem werden namentlich die Künstler Hugo BALL (1886-1927), Richard HUELSENBECK (1892-1974) und Tristan TZARA (1896-1963) genannt. Sie waren es, die 1916 in Zürich das „*Cabaret Voltaire*" gründeten und erstmals den Dadaismus aus etwas Vagem, allgemein schon lange Vorhandenem zu einer fass- greif- und sichtbaren Anschauung machten.[16] Diese kleine Kneipe avancierte nun von einem Ort der Unterhaltung zum ersten Hort der Dada-Bewegung. Weiterhin stellt sich die Frage, was mit dem Begriff *Dada* gemeint ist. Angesprochener Autor zitiert Richard HUELSENBECK, der den Begriff als „eine Zusammenfassung der mannigfaltigen Aktivitäten" oben genannter junger Künstler beschreibt, die sich zu einer Bewegung zusammengeschlossen haben. Des Weiteren führte HUELSENBECK aus:

> „Wir fanden Dada, wir sind Dada, und wir haben Dada. Dada wurde in einem Lexikon gefunden, es bedeutet nichts. Dies ist das bedeutendste Nichts, an dem nichts etwas bedeutet. Wir wollen die Welt mit Nichts ändern, wir wollen die Dichtung und die Malerei mit Nichts ändern, und wir wollen den Krieg mit Nichts zu Ende bringen. Wir stehen hier ohne Absicht, wir haben nicht mal die Absicht, Sie zu unterhalten oder zu amüsieren."[17]

Unter der Bezeichnung *Dada* fanden künstlerische Experimente statt, die vorrangig auf die Provokation des Publikums ausgerichtet waren. Ein Markenzeichen der Dadaisten war es, bestehende Grundsätze durch deren Gegenteile auszutauschen. So ersetzten sie beispielsweise Planung durch Zufall, Konstruktion durch Destruktion und Sinn durch Nonsens, was anhand der nachfolgenden Charakterisierung von Raoul HAUSMANN verdeutlicht wird. Er war ebenfalls ein Mitbegründer der *Dada*-Bewegung und umschreibt *Dada* als die „lachende Gleichmütigkeit, die mit dem eigenen Leben erhängen spielt, ohne Mitverantwortung an dem europäischen Schwindel zu tragen bzw. tragen zu wollen."[18] *Dada* stand stellvertretend für Grenzüberschreitung, die Grenze zwischen Kunst und Alltag wurde aufgehoben und in den Vorträgen entstand eine völlig neue Form der Literatur. Somit kann der *Dadaismus* zusammengefasst als eine internationale Literatur- und Kunstströmung bezeichnet werden, deren Ziel in einer radikalen Revolutionierung von Kunst und Literatur bestand.

Der *Dadaismus* wurde 1917 von Richard HUELSENBECK nach Deutschland gebracht, der von Zürich nach Berlin wechselte und dort auf andere junge Künstler wie George GROSZ (1893-1959) und Franz JUNG (1888-1963) traf. Gemeinsam mit ihnen und Raoul HAUSMANN grün-

---

[15] Vgl. ERNST (2001), S. 10.
[16] Vgl. Korte (1994), S.7.
[17] Vgl. ERNST (2001), S. 10.
[18] Vgl. Korte (1994), S.7.

dete er die Gruppe DADA Berlin. Letzterer äußerte sich zur Gründung des Clubs DADA folgendermaßen:

> „Jung und ich verstanden sofort die Wichtigkeit dieses Zerstörungsmittels der so genannten „künstlerischen Kultur" und beschlossen, den Club DADA als Standarte des Internationalismus zu gründen, mit Huelsenbeck an der Spitze."[19]

Das Feindbild der „künstlerischen Kultur" wurde z.B. durch die kubistischen und futuristischen Akademien, die von den *Dada*-Aktivisten nicht mehr als Laboratorien für formale Gedanken angesehen wurden, ausgefüllt.[20] In diesem Zusammenhang war der primäre Kritikpunkt am Kubismus, dass er darauf basiert, seine künstlerischen Inhalte, wie beispielsweise einen Gegenstand, möglichst einfach zu betrachten und zu visualisieren. Der futuristische Künstler würde diesen Gegenstand malerisch in Bewegung setzen und eine Reihenfolge nebeneinandergesetzter Gegenstände erschaffen. Die Maler beider Stile erschaffen jedoch demnach im Endeffekt eine Welt, in der ihre Elemente auch ihre Mittel sind und kreieren somit ein „nüchternes, bestimmtes und argumentloses Werk".[21] Die erwähnte Kritik ist nur als Beispiel anzusehen, da es nicht die einzigen Stile sind, die nicht die künstlerischen Ansprüche der Dadaisten erfüllen. Grundsätzlich verstehen sie *Dada* doch als eine neue Kunstrichtung, die mit allen anderen Kunstrichtungen in Bezug auf Verfahren, Stil, Richtung, aber auch in Bezug auf ihren Anspruch bricht.[22] Dadaisten muss das Werk in Erstaunen versetzen, verblüffen und vor allem protestieren und schockieren. Dadaistische Künstler malen aufgrund dessen nicht mehr, sondern erschaffen ihre Werke unmittelbar und in natürlich vorkommenden Ressourcen wie beispielsweise Stein, Holz, Eisen oder Zinn. Des Weiteren sollte das Werk aus verschiedenen Blickwinkeln betrachtet werden können, um so den Betrachter mit jeder Drehung des Werkes in eine neue Welt mit anderen Bedingungen und Möglichkeiten versetzen zu können. Die Welt, in die der Rezipient nun eintaucht, ist nicht durch den Künstler spezifisch vorbestimmt, sondern manifestiert sich aus den unzähligen individuellen Vorstellungen des Betrachters. Für den dadaistischen Künstler ist diese Welt ohne Ursache und ohne Theorie, da das Werk lediglich die Eigenschaft aufweisen soll, völlig konträre Inhalte symbolisieren zu können. So kann es beispielsweise Ordnung, gleichzeitig aber auch Unordnung ausdrücken, je nachdem wer es gerade betrachtet. Auch anhand dieser Vorgehensweise im künstlerischen Bereich wird hier wieder das Markenzeichen der Dadaisten deutlich, bestehende Grundsätze durch deren Gegenteile auszutauschen, um so eine provozierende Wirkung zu

---

[19] HAUSMANN (1977), S. 3.
[20] Vgl. RIHA (1994), S.38.
[21] Vgl. Ebd.
[22] Vgl. KORTE (1994), S.11.

erzielen. Die Dadaisten haben jedoch nicht nur von Kunst eine eigenwillige Definition und Ansicht, sie kritisieren und bekämpfen ebenso die Art von Literatur, die zum damaligen Zeitpunkt publiziert wurde. Ihrer Meinung nach sind die morallehrenden und an der psychologischen Basis herumdiskutierenden Schriftsteller aufgrund ihrer Gier nach Gewinn nicht in der Position, solche Inhalte anzusprechen. Sie attestieren ihnen zudem „eine lächerliche Kenntnis des Lebens, das sie klassifizieren, einteilen und kanalisieren".[23] Für die Dadaisten ist nur die Literatur wertvoll, die nicht bis zur breiten Masse vordringt und aus einer wirklichen Notwendigkeit des Verfassers heraus geboren und für ihn selbst bestimmt ist. Auch in Bezug auf die Literatur wird ihre Vorliebe deutlich, nur das als wertvoll anzusehen, was bestehende Grundsätze durch deren Gegenteile austauscht bzw. das, was mit der konformen Vorgehensweise bricht. Charakteristisch für die Literatur des *Dadaismus* ist aufgrund dessen das Experiment. Die Dadaisten experimentierten u. a. mit Collagen und Montagen, mit Lautgedichten, mit überraschenden Kombinationen von einzelnen Wörtern, mit spontanen Assoziationen und szenischen Kompositionen. Sie erweiterten und radikalisierten die dadaistischen Techniken auf künstlerischer und politischer Ebene[24] und reformierten den Berliner *Dadaismus*, indem sie sein Handlungsspektrum mehr und mehr aus den Clubs und den Künstlerzirkeln in die Öffentlichkeit verlegten. Die Radikalisierung der dadaistischen Techniken manifestiert sich anhand des sogenannten *Bruitismus*, der kombinierte Wort- und Satzfetzen, Geräuschimitationen, rhythmische Lautfolgen, Beschreibungen akustischer Eindrücke sowie Handlungsfragmente unterschiedlichster Art und Bildassoziationen vereinte.[25] Angesprochene bruitistische Elemente wurden 1918 erstmals in die kabarettistischen Darbietungen der Dadaisten implementiert und verfolgten die Intention, die Zuschauer wach zu trommeln und aufzureizen. Der *Bruitismus* galt zudem als Synonym für Aufruhr, Tumult und Polizeieinsatz, was seine starke und ungeheure Wirkung verdeutlicht.[26] Zu diesem Zeitpunkt war die allgemeine Situation in Berlin zunehmend von Hungerunruhen und Streiks geprägt, was eine, wenn auch häufig nur vorübergehende Radikalisierung vieler Künstler und Schriftsteller forcierte. Aus diesem Umstand resultiert auch, dass radikalisierte Inhalte wie der *Bruitismus* zu diesem Zeitpunkt auf ein enormes Maß an Beachtung in der Gesellschaft trafen. Die Radikalisierung und Expansion der dadaistischen Techniken auf politischer Ebene wurde anhand verschiedener Aktionen deutlich, die zum Teil aufeinander aufbauen. Zunächst richteten die

---

[23] Vgl. RIHA (1994), S.39.
[24] Vgl. ERNST (2001), S.12.
[25] Vgl. KORTE (1994), S.50.
[26] Vgl. Ebd.

Dadaisten ihre Provokationen gegen den Expressionismus, indem sie ihn in ihren *Dada-Reden* direkt angriffen:

> „Die weggeworfene Puppe des Kindes oder ein bunter Lappen sind notwendigere Expressionen als die irgendeines Esels, der sich in Ölfarben ewig in endliche gute Stuben verpflanzen will. [...] Der Expressionismus [...] ist heute ein einrubrizierter Begriff, Lebensnotwendigkeit gleich Kohlenkarte oder Schleichhandel für Leute weit vom Schuss, dem Zwang zum Sein."[27]

Die Rede von Raoul HAUSMANN, aus der obige Passage entnommen ist, sorgte für eine solche Bewegung im Saal, dass die Saalleitung um die Bilder an den Wänden fürchtete und ihm mitten im Satz das elektrische Licht ausdrehte um ihn zum Schweigen zu bringen. Er bezeichnete den Abend im Nachhinein als gelungen und als einen DADAistischen Erfolg.[28] Auf politischer Ebene zeichnete sich die anschließende weitere Expansion des *Dadaismus* dadurch aus, dass HAUSMANN und weitere Aktivisten kontinuierlich *Dada*-Meldungen in seriösen Berliner Journalen lancierten, um so den *Dadaismus* weiter zu verbreiten. Nachfolgend wurden erste *Dada*-Aktionen auf öffentlichen Plätzen organisiert, an denen sich verschiedene *Dada*-Aktivisten zu einem Kollektiv zusammenfanden und für die gemeinsame Sache kämpften. Die Jahre 1919 und 1920 stehen für den Höhepunkt dadaistischer Aktivitäten in Berlin, was an einer Vielzahl von Publikationen erkenntlich ist, die sich nach dem Wegfall der Pressezensur fast unbehindert verbreiten ließen. Die Publikationen reichten von *Dada*-Zeitschriften und Zeitungen bis hin zu eigenen *Dada*-Reklamen. Letztere zeichneten sich nicht dadurch aus, dass sie eine wirtschaftliche bzw. finanzielle Intention verfolgten, sondern sie dienten als Experimentierfeld für farbtypographische Versuche, Drucktechniken, Bild- und Textcollagen sowie Fotomontagen.[29] Des Weiteren wurden sie als Erprobungsmöglichkeit für „reklamesprachliche" Texte verwendet. Dass die beschriebene grelle, farbenintensive und experimentelle Aufmachung als Vorläufer der häufig ebenfalls auffälligen Layouts der Popliteraten diente, ist vorstellbar, jedoch nicht eindeutig nachzuweisen. Weitere Indikatoren für die Popularität des *Dadaismus* in den 20er-Jahren sind die *Dada*-Tourneen nach Dresden, Leipzig, Prag, Karlsbad, Hamburg und sogar nach Teplitz-Schönau.[30] Als Höhepunkt und gleichermaßen als Schlusspunkt des Berliner *Dadaismus* ist die Erste Internationale *Dada*-Messe zu nennen, die 1920 stattfand. In diesem Jahr wurden vier Schriften von Richard HUELSENBECK publiziert, die das Ende des *Dadaismus* ankündig-

---

[27] HAUSMANN (1982), S.14f.
[28] Vgl. HAUSMANN (1972), S.27.
[29] Vgl. KORTE (1994), S.64.

ten und gleichzeitig ein selbstbewusstes Fazit der *Dada*-Bewegung implizierten, indem in ihnen der Sieg des *Dadaismus* über seine Feindbilder proklamiert wurde.

2.2.2 Beat-Generation

Die *Beat-Generation* entwickelte sich in den USA in der Nachkriegszeit des 2. Weltkrieges. Auch wenn die USA aus diesem siegreich hervorgegangen waren, zahlten sie aufgrund ihrer vielen Toten und dem Eingeständnis ihrer Atombombenabwürfe einen hohen Preis für ihren Sieg. Das geistige Klima der ersten Hälfte der 50er-Jahre konnte aufgrund dessen als stickig und unbeweglich charakterisiert werden. Dieser gesellschaftliche Zustand wurde zudem durch Bigotterie, wirtschaftlichen Wohlstand, dem Kalten Krieg sowie den 1950 einsetzenden Koreakrieg weiter begünstigt und es herrschte eine Stimmung der Langeweile und des Konformismus.[31] In den Städten New York und San Francisco hatte sich zu dieser Zeit eine kleine Bewegung von Lyrikern und Romanciers entwickelt, die die vorherrschende Vorstellung von Literatur auf sozialer sowie literaturästhetischer Ebene verändern und einen neuen Weg in der Erforschung der Rolle des Individuums in der Gesellschaft aufzeigen wollten.[32] Die als antikonformistisch einzustufende Bewegung bestand zunächst aus Jack KEROUAC, Allen GINSBERG und William S. BORROUGHS. Parallel zu der Entwicklung der *Beat-Generation* erschien der Roman *The Catcher in the Rye* (Der Fänger im Roggen) von Jerome David SALINGER, in dem sein jugendlicher, heldenhafter Protagonist Holden Caulfield sich gegen eine konformistische Gesellschaft auflehnt, aus seinem Internat ausbricht und auf seinem Fluchtweg eine Irrfahrt durch New York beginnt. In seiner verzweifelten Einsamkeit empfindet der Protagonist das hektische Treiben der Millionenstadt als entmenschlicht und leer. Die detaillierten Beobachtungen der Hauptfigur wurden in einer überspitzten Jugendslang-Sprache formuliert. Dieser individuelle Sprach-Stil und die genauen, sehr empathisch wirkenden Schilderungen des Autors begründeten die große Popularität des Romans unter vielen Jugendlichen dieser Zeit, da dieser es ihnen ermöglichte, sich in der Hauptfigur des Romans wiederzufinden. Die Bestrebungen des Protagonisten stellen eine Analogie zu den Bestrebungen der *Beat-Generation* dar, die beide das Ziel verfolgen, die vorherrschende konformistische Gesellschaft zu bekämpfen und zu verändern. Wenn man die *Beat-Generation* beschreiben bzw. definieren möchte, verhält es sich ähnlich schwierig wie mit dem Begriff der *Popliteratur*. Die Meinungen und Ansichten darüber, was die *Beat-*

---

[30] Vgl. Ebd., S.66.
[31] Vgl. ERNST (2001), S.14
[32] Vgl. SEILER (2006), S.103.

Generation genau ist und was sie ausmacht, sind von Anfang an sehr kontrovers und vielfältig gewesen. Dieser Umstand spiegelt sich bereits in der Terminologie *beat* wieder, die durch den bereits erwähnten William S. BORROUGHS innerhalb der Bewegung eingeführt wurde. Die Inspiration für den Begriff bekam er von seinem Freund Herbert HUNCKE, einem Kleinkriminellen, der innerhalb seines etwas eigenwilligen Gebrauches der englischen Sprache den Begriff zur Umschreibung sämtlicher Gefühlslagen nutzte und somit auf die vielfältigen Interpretationsmöglichkeiten der Seelenlage junger Menschen aufmerksam machte. Bereits zwischen den Gründern der *Beat-Generation* bestand Uneinigkeit bzw. zu viel Interpretationsspielraum darüber, was der Terminus nun genau bezeichnet bzw. bezeichnen kann. So erklärt Karl O. PAETEL in seiner *Beat*-Anthologie, einer Sammlung ausgewählter Texte zu dieser Thematik, dass der Begriff eine Umschreibung für eine „rastlose, konventionsmüde, erlebnishungrige Generation" ist, bestätigt aber auch, dass „die Autoren selbst dem Terminus in ihren Aussagen sehr unterschiedliche Nebentöne geben und somit verschiedene Verknüpfungen herstellen."[33] Es existiert aufgrund dessen eine Vielzahl von Begriffen, unter denen das Phänomen dieser individualistischen Außenseitergeneration geführt wurde. So wird sie von Norman MAILER in seinem Essay *The White Negro* z.B. als „Hip-Generation" tituliert, die sich eindeutig von den „squares", also den Spießern abgrenzt.[34] Unter anderem wurde die *Beat-Generation* außerdem als „beats", „beatniks", „hipsters", „subterraneans" und „new Bohemians" bezeichnet.[35] Das etablierte politische System hatte hingegen eine eindeutige Meinung über die *Beat-Generation*. Für die Politik waren die Anhänger der Szene nonkonformistische Außenseiter, so gennannte „drop-outs".[36] Es ist anzumerken, dass von allen Termini lediglich die Bezeichnung „hipster" in einem sprachlichen Konsens endete und dann in den 60er-Jahren direkt zur Kreation des Begriffes „Hippie" führte.[37] Die zahlreichen Bezeichnungen bewirkten zudem differente Betrachtungsweisen, die wiederum mit unterschiedlichen Werten und Meinungen zu diesen Benennungen einhergehen. Dies führte teilweise dazu, dass der *Beat-Generation* zu Unrecht negative Attribute zugesprochen wurden. Weiterhin wurde die herrschende Unsicherheit dadurch forciert, dass die *Beat-Generation* nie eine geschlossene Gruppe mit fest formulierten Leitsätzen darstellte. Einen wirklichen Nachweis über die vertretene Einstellung und über die Wertevorstellungen der Anhänger der *Beat-Generation* hat es ausschließlich über ihre literarischen Veröffentlichungen gegeben. In ihnen

---

[33] PAETEL (1962), S.9.
[34] Vgl. MAILER (1992), S.10
[35] Vgl. BETZ (1977), S.23.
[36] Ebd.
[37] Vgl. SEILER (2006), S. 105.

wird die Weltanschauung der *Beat-Szene* deutlich. Diese Literaten sehen sich als Individuen in einer automatisierten und entmenschlichten Gesellschaft und aufgrund dessen werden des Öfteren Inhalte des Eskapismus wie Realitätsflucht oder Wirklichkeitsflucht thematisiert. Zentrale Antriebsfeder dieser Literatur ist das Aufbrechen moralischer Tabus, was vor allem die freie Entfaltung der eigenen Sexualität, Konsum von illegalen Substanzen, fernöstliche Spiritualität und ein vollkommenes Aufgehen in Jazz und Bebop impliziert.[38] In diesem Zusammenhang nennt BETZ (1977) als erstveröffentlichte Werke *Howl an other Poems* (1956) von Allen GINSBERG und *Kerouacs on the Road* (1957) von Jack KEROUAC.[39] An den genannten Inhalten wird bereits deutlich, inwiefern die *Beat-Generation* für die *Popliteratur* fundamental ist. Auch sie zeichnen in ihren Werken das Bild einer jugendlichen Opposition und es wird versucht, sich dem organisierten System zu entziehen bzw. feste Grenzen wie beispielsweise Klassengrenzen zu überschreiten, so dass sich viele inhaltliche Schnittmengen abzeichnen. In beiden Formen der Literatur werden Inhalte wie Tabubrüche, sexuelle Befreiung, das Befolgen einer Konsumideologie sowie Alkohol- und Drogenmissbrauch thematisiert.[40]

2.3 Social Beat, Slam-Poetry und Trash

Social Beat, Slam Poetry und Trash stellen vergleichsweise zur *Beat-Generation* und zum *Dadaismus* keinen fundamentalen Ursprung der *Popliteratur* dar. Diese Phänomene entwickelten sich erst in den 90er-Jahren, während die *Popliteratur* in Form der *Mainstream-* und der *Suhrkamp-Popliteratur* bereits ihren Platz im Feuilleton gefunden hat. Sie werden aufgrund dessen als der letzte noch vorhandene „literarische Untergrund"[41], der aus den Zeiten der *Pop*-Ära übrig geblieben ist bzw. auch als „Underground-*Popliteratur*" definiert.[42] Es liegen zwar keine direkten personellen sowie inhaltlichen Überschneidungen zwischen dieser literarischen Subkultur und der *Popliteratur* vor, *Pop*-Bezüge können aber dennoch durch viele andere Merkmale hergestellt werden. Sie können gestalterisch fundiert sein, was dann beispielsweise im Gebrauch von Slang und Szenesprache, generell im Abrücken von hochliterarischen Standards hin zur Alltagssprache und stilistisch durch Rasanz, Legerheit, Spontaneismus, Lautheit, Plakativität und Kürze verdeutlicht wird.[43] Außerdem wird die Verbindung

---

[38] Vgl. SEILER (2006), S.106.
[39] Siehe zu dieser Thematik auch den nächsten Abschnitt „Social Beat und Slam Poetry".
[40] Vgl. BETZ (1977). S. 25.
[41] Vgl. ERNST (2001), S.80.
[42] Vgl. Ernst (2001), S.81.
[43] Vgl. ULMAIER (2001), S.17.

sichtbar an einer Erweiterung der Lesungsform um Performance-Elemente wie Körpereinsatz, an Auftritten zu mehreren Licht- und Soundeffekten, Bandbegleitung und Improvisation sowie an einer Tendenz bzw. Bereitschaft zur Grenzüberschreitung und –vermischung, also einem gewissen Gattungsuniversalismus.[44] Aufgrund der aufgezählten Bezüge haben *Social Beat, Slam-Poetry* und *Trash* eine Daseinsberechtigung und müssen im Zusammenhang mit der Entwicklung der *Popliteratur* genannt werden. Anfang der 90-er Jahre avancierte Literatur zu einem populären Medienthema, was sich an der Anzahl der drastisch steigenden Lesungen in Clubs, Kneipen und Diskotheken bemerkbar machte. Literatur war auf einmal „hip" und „szenefähig" geworden. Diese Entwicklung war dem *Social Beat, Slam-Poetry* und *Trash* zu verdanken, die zu diesem Zeitpunkt noch als eigenständige Kategorien einzeln und nicht in Aufzählung genannt wurden. *Slam-Poetry*, auch als *Spoken-Word-Poetry* bezeichnet, meint Live-Literatur für die Personen auf und vor der Bühne, *Social Beat* umschreibt hingegen vornehmlich ein literarisches Untergrund-Netzwerk. Die Wortwahl „Untergrund" impliziert in diesem Zusammenhang, dass es sich hierbei um einen nicht-kommerziellen Bereich handelt, in dem Autoren tätig sind, die nicht im etablierten Literaturbetrieb veröffentlicht werden. Zudem drückt das Wort die Selbstgewissheit und das Ziel der *Social-Beat*-Anhänger aus, nicht allein ästhetisch, sondern auch gesellschaftlich zu neuen Ufern aufzubrechen und das neue Feld, in dem man operiert, selbst zu kontrollieren und zu steuern.[45] *Trash* benennt einen spezifischen Schreibstil. Vorangehende Kategorisierung hat zur Folge, dass personelle Schnittmengen zwischen den unterschiedlichen Bereichen existieren, besteht doch die Möglichkeit, dass jemand *Trash* schreibt, der wiederum in den *Social-Beat*-Kontext gehört und zudem seine Texte noch performerisch zur Aufführung bringt.[46] Somit ist es wohl kein Zufall, dass die Begriffe häufig in einem Atemzug genannt werden. Es bleibt dennoch anzumerken, dass in jeder Strömung auch Interpreten existieren, die ausschließlich in ihrer Topoi aufgehen und die man nicht bei Veranstaltungen der anderen Strömungen auffinden wird. Seit 1993 finden zahlreiche *Social-Beat*-Festivals statt, auf denen sich die Vertreter der verschiedenen Szenen vereinen. Des Weiteren existieren *Social-Beat*-Foren in Form von Zeitungen wie z.B. das LUKE&TROOKE-Fanzine, das in Münster und Berlin produziert und von Mark Stefan TIETZE und Holm FRIEBE verfasst wird. Außerdem bringt die Szene Erzählungen und Romane hervor, die dann beispielsweise in der *Popliteratur*-Reihe des Mainzer Ventil Verlages veröf-

---

[44] Ebd., S.18.
[45] Ebd., S.48.
[46] Vgl. STAHL (2006), S.258.

fentlicht werden.[47] Szenebekannte Literaten sind diesbezüglich der Münchener Jaromir KONECNY (geb. 1956), Jan OFF (geb. 1967) und Philipp SCHIEMANN (geb. 1969). In Deutschland hat sich zudem die Idee der *Poetry-Slams* durchgesetzt, dessen Bedeutung sich etymologisch von dem amerikanischen *to slam*= zerschlagen, zerschmettern, in die Pfanne hauen herleiten lässt. Weiterhin stammt der Terminus *Poetry-Slam* aus der direkten Wortumkehrung des Begriffes *Slam-Poetry* und definiert eine literarische Live-Veranstaltung, bei der Autoren im Ring gegeneinander antreten und anschließend durch eine Jury sowie das Publikum bewertet werden. Diese Wettbewerbe ohne thematisch-inhaltliche sowie formal genauer eingegrenzten Vorgaben wurden das erste Mal 1986 in Chicago durchgeführt und 1992 durch die damaligen „Horsemen of Apocalypse", die sich aus Alan KAUFMANN und Bob HOLMAN zusammensetzten, in Deutschland publik gemacht. Die beiden Künstler veranstalteten hierfür eine Lese-Tour, die so viel Aufmerksamkeit erregte, dass sie sogar einen zweiminütigen Einspieler in den Tagesthemen erhielt. Bereits zu diesem Zeitpunkt planten KAUFMANN und HOLMAN ihre „Poetry Championship", ein Vorhaben, bei dem zunächst der nationale Meister ermittelt und dieser dann in die USA zur Weltmeisterschaft entsandt werden sollte. Im Dezember 1993 realisierte der KRASH-Verlag diese Meisterschaft im Kölner Kunsthaus Rhenania, bei dem die „Widersacher" in einen Ring steigen und bis zum Gong zur Lesung antreten.[48] Es bestand sogar die Möglichkeit, Wetten auf die erwarteten Sieger abzuschließen. Zwei weitere Ausgaben des Events folgten, wobei das erste 1995 wieder im Rhenania stattfand und das zweite 1997 in der Berliner Volksbühne im Prater veranstaltet wurde.[49] Die *Poetry-Slam*-Szene hatte sich inzwischen kontinuierlich weiterentwickelt und im gleichen Jahr wurden von Wolfgang HOGEKAMP der erste „National Poetry Slam" ins Leben gerufen. Mittlerweile finden solche Wettbewerbe in fast jeder größeren Stadt Deutschlands statt, u.a. auch in München, Düsseldorf, Hamburg und Hannover.[50] Auch die *Social-Beat-Szene* war derweil nicht untätig und veranstaltete ab 1993 viele Slams in ihrem Umfeld, die teilweise ab 1996 mit den *Poetry-Slams* fusionierten und man aufgrund dessen von einer „starken Überlappung zwischen *Slam-Szene* und *Social-Beat*" sprechen kann.[51] Folgerichtig veranstaltete Michael SCHÖNAUER 2000 und 2001 die „German Grand SLAM!Masters" in Stuttgart und die Popularität der *Slam-* und *Social-Beat*-Szene wurde gleichzeitig durch das Erscheinen von

---

[47] Vgl. ERNST (2001), S.81.
[48] Vgl. STAHL (2006), S.259.
[49] Ebd.
[50] Vgl. ERNST (2001), S.81.
[51] Vgl. PRECKWITZ (2005), S.348f.

drei Anthologien unter dem Titel „Social Beat Slam! Poetry"[52] weiter forciert. Auch heutzutage finden regelmäßig *Social Beat*-und *Slam-Poetry*-Veranstaltungen statt. In diesem Zusammenhang kann beispielsweise auf den *Bielefeld Slam 2013* verwiesen werden, bei dem die mittlerweile 17. deutschsprachige Meisterschaft im *Poetry-Slam* ausgetragen wird.[53]

2.4 Politisches Verständnis und Gesellschaftskritik der Popliteratur

Um das Verhältnis von *Popliteratur* und Politik nachvollziehen zu können, muss man sich darüber im Klaren sein, dass sich im Verhältnis von Kunst und Politik zyklische Bewegungen beobachten lassen, die immer die Phasen Politisierung, Entpolitisierung und Re-Politisierung durchlaufen.[54] D.h. beispielsweise, dass auf eine Epoche, die durch eine stark politisierte Literatur geprägt war, eine Epoche folgt, die sich durch eine Rückkehr zur Introspektive auszeichnet. Introspektive meint in diesem Zusammenhang, dass sich die Literatur nun in einer Phase der verstärkten Selbstbeobachtung befindet, in der sie sich auf die Beschreibung und Analyse des eigenen Erlebens und Verhaltens fokussiert. So folgt zum Beispiel auf eine starke Politisierung der Kunst in den 1960er-Jahren eine Rückkehr zur Introspektive in den 1970er-Jahren und die Zeitspanne der Friedens- und Umweltschutz-Bewegungen in den 1980er-Jahren wird durch eine Phase der Entpolitisierung erwidert. Diese entpolitisierende Phase kann z.B. dadurch geprägt sein, dass Jugend und Künstlertum ihre Ansichten verbreiten und das Ziel verfolgen, eine Spaßgesellschaft mit hedonistischen Zügen zu etablieren. Die Entstehung und das Wirken der *Popliteratur* sind zeitlich zwischen Ende der 1960er-Jahre und 1990 angesiedelt und somit ist es nicht verwunderlich, dass die verschiedenen Phasen bzw. die thematisierten Dominanz-Wechsel bezüglich des politischen Verständnisses auch im Verhältnis von *Pop I* und *Pop II* existieren.[55] Da sich die *Popliteratur* in Deutschland ab 1968 entwickelte, fallen somit alle popliterarischen Werke aus dieser Zeit in eine Phase der starken Politisierung von Literatur und wurden aufgrund dessen von dem Poptheoretiker Dieter DIEDRICHSEN als *Pop I* bzw. als „politischer Pop" definiert. Er steht für ihn „für den von Jugend- und Gegenkultur ins Auge gefassten Umbau der Welt, insbesondere für den von der herrschenden Wirtschaftsordnung verkraft- und verwertbaren Teil davon"[56] und wird als „Gegenbegriff zu einem eher etablierten Kunstbegriff verwendet."[57] Dem *Pop I* werden

---

[52] SCHÖNAUER (1997-2001).
[53] Vgl. FREISE (2013), in: Slam Owl, 13.11.2010.
[54] Vgl. DEGLER/PAULOKAT (2008), S.53.
[55] Siehe hierzu auch Abschnitt 2.1 `Popliteratur. Was ist das?- eine Einordnung`
[56] DIEDRICHSEN (1997), S. 273.
[57] Ebd. S. 275.

Merkmale wie Subversion, Widerstand, Artikulation von Minoritäten und politisches, zumindest aber gesellschaftkritisches Programm zugeordnet.[58] Dieser Kategorisierung setzt er die des *Pop II* entgegen und grenzt mit ihr die Werke der 1990er-Jahre ein, die auch als *Neue deutsche Popliteratur* bezeichnet werden. Charakteristische und zugleich etwas negativ konnotierte Merkmale des *Pop II* sind nach DIEDRICHSEN „seine unpolitischen, mehr warenförmigen und auf Spaß ausgerichteten Inhalte, die im Endeffekt Matrizen für alles, innerhalb und außerhalb des normalen Spektrums bieten."[59] Interpretiert man vorhandene Dichotomie als eine Form äußerst starrer Zweigliederung, die keine fließenden Übergänge erlaubt, so kann sie ebenfalls als Analogie auf das Verhältnis *Popliteratur* und Politik angewendet werden. *Popliteratur* wird nämlich auf der einen Seite mit Politik in Verbindung gebracht, indem sie mit einer linksrevolutionären politischen Haltung gleichgesetzt und ihr ein subversives, also ein aufrührerisches bzw. revoltierendes Potential attestiert wird. Andererseits wird sie aber in einen stark distanzierten Kontrast zur Politik gesetzt mit dem Argument, dass *Popliteratur* sich lediglich auf den Spaß im Hier und Jetzt bezieht und sich gerade durch das Fehlen eines strukturierten Programms sowie sozialkritischer und politischer Inhalte auszeichnet.[60] Eine Debatte um eventuelle subversive Kräfte der Literatur besteht seit jeher und wird in der Fachliteratur häufig in Form einer salomonischen These befriedet, die besagt, dass sich die *Popliteratur* im Laufe der Zeit von einer Literatur gesellschaftlicher Außenseiter hin zu einem Aushängeschild der Unterhaltungsindustrie gewandelt habe. Trotz des vorangegangenen Kompromisses kann jedoch nicht darüber hinweggesehen werden, dass politische Gehaltlosigkeit einer der Hauptvorwürfe ist, die insbesondere dem sogenannten Spaßgesellschafts-*Pop* der 90er-Jahre entgegengebracht und mit ihr häufig die angeblich mangelhafte Qualität dieser Literatur-Form begründet wird. Vertreter dieser Ansicht sind z.B. Klaus WIEGERLING, für den „*Popliteratur* ein Indiz für die generelle Bedeutungslosigkeit von Literatur im Diskurs der Gegenwart darstellt, da sie gravierende gesellschaftliche Themen ausblendet"[61] und Florence FEIEREISEN, für den „*Popliteratur* nicht ernst genommen und zur Spaß-Literatur degradiert wird, da ihr politische Inhalte gänzlich fehlen."[62] Dennoch sind auch die vorangegangenen Standpunkte nicht ganz einwandfrei. Zwar kann die *Popliteratur* als „leicht lesbar" und stellenweise auch als „amüsant" charakterisiert werden, die thematisierten Inhalte haben

---

[58] Vgl. PAULOKAT (2006), S. 100.
[59] DIEDERICHSEN (1997), S. 284.
[60] Vgl. DEGLER/PAULOKAT (2008), S.54.
[61] WIEGERLING (2000), S.11.
[62] FEIEREISEN (2003), S.72.

jedoch in den seltensten Fällen etwas mit „Spaß" oder dergleichem zu tun und implizieren im Gegenteil eher ernste Inhalte.[63]

2.5 Gender in der Popliteratur

In der äußerlichen Wahrnehmung wirkt die *Popliteratur* als ein männlich dominiertes Produkt einer Autoren-Riege, die sich in etwa mit den Protagonisten von *Tristesse Royal* deckt. Gemeint sind hiermit die fünf damaligen Jungstars der *Popliteratur*, die sich 1999 in Berlin im Hotel Adlon getroffen haben, um ein kultiviertes Gespräch über das Sittenbild ihrer Generation zu führen. Hierbei ist die Rede von Joachim BESSING, Benjamin VON STUCKRAD-BARRE, Christian KRACHT, Eckhart NICKEL und Alexander VON SCHÖNBURG. Dennoch spielen auch Frauenfiguren und Autorinnen in der *Popliteratur* eine wichtige Rolle, wird doch die geschlechterspezifische Aufteilung des Feuilletons durch das sogenannte literarische Fräuleinwunder der 90er-Jahre abgerundet. Der Begriff des literarischen Fräuleinwunders wurde durch den Spiegel-Autor Volker HAGE im Frühjahr 1999 durch seinen Artikel „völlig abgedreht"[64] geprägt und meint die Autorinnen Sibylle BERG, Karin DUVE sowie die ebenfalls als Jungmoderatorin bekannte Autorin Alexa HENNING VON LANGE. Weitere nicht ganz so populäre Autorinnen, die dennoch unter dem Etikett des literarischen Fräuleinwunders kategorisiert werden, sind Else BUSCHHEUER, Rebecca CASATI und Elke NATERS. In den Texten der genannten Autorinnen und Autoren ist grundsätzlich eine starke Verunsicherung in Bezug auf die Geschlechterrollen erkennbar, die offensichtlich nicht mehr selbstverständlich garantiert, sondern einem ständigen Aushandlungsprozess unterworfen sind.[65] Inhalte wie Geschlechterverhältnisse, Geschlechterrollen und Geschlechtlichkeit werden sowohl in den Texten der weiblichen als auch in denen der männlichen Autoren thematisiert. Dennoch zeichnen sich alle Texte durch eine recht inkongruente Haltung bezüglich des Themas Sexualität aus, da sie gleichzeitig von einer eher konservativen Haltung in Bezug auf die sexuelle Orientierung sowie durch eine eigentümliche Offenheit diesbezüglich geprägt sind, die teilweise schon die Grenze zum Schamlosen überschreitet. Die bereits angesprochene inkongruente Verarbeitung des Themas Geschlechtlichkeit kann anhand des Romans *Tomboy* von Thomas MEINECKE, erschienen im Jahr 2000, konkretisiert werden.[66] *Tomboy* ist die amerikanische Bezeichnung für ein Mädchen, das sich - entgegen der gängigen Rollenklischees - wie ein Junge benimmt. In seinem Roman tauschen sich die Figuren über Geschlechterforschung aus, denken über

---

[63] Vergleiche hierzu auch die Leitmotive/Leitthemen in Abschnitt 3.
[64] Vgl. HAGE (1999), S.244 f.
[65] Vgl. DEGLER/PAULOKAT (2008), S.74.

wissenschaftliche Texte nach, exzerpieren und kommentieren sie. Hierbei sind die zahlreich vertretenen Positionen der Gender Studies immer an die Romanfiguren gebunden. Zudem macht es die zusätzliche Ebene der narrativen Darstellung von Geschlechterforschung dem Rezipienten möglich, die Verarbeitung von Geschlechtertheorien zu beobachten.[67] Die Figuren MEINECKES können geradezu als eine Verkörperung wagemutiger Toleranz in Bezug auf Geschlechtlichkeit charakterisiert werden, da in diesem Roman die kulturelle Ordnung der Geschlechter auf eine besondere Art und Weise in Bewegung gebracht wird. In seinem Text erfindet der Autor nämlich ein Geschlecht und stattet es mit Eigenschaften aus, die dem binären Klassifikationssystem der Geschlechter Probleme bereitet und somit *gender trouble* verursacht.[68] Zahlreiche Werke der *Neuen Deutschen Popliteratur* verhalten sich bezüglich der Thematisierung von Geschlechtlichkeit völlig gegenteilig zum angesprochenen Roman *Tomboy*. Sie sind eher von einem bürgerlichen Diskurs dominiert, für den eine erstaunlich verschämte Form von Homosexualität prototypisch ist, die beispielsweise bei den Heldenfiguren von Christian KRACHT zu Tage tritt.[69]

2.6 Popliteratur und neue Medien

Gerade in der *Popliteratur* lässt sich eine enge Verbindung von Literatur und Medien in verschiedenen Ausprägungsformen beobachten. Prinzipiell wird der Einfluss moderner Medien wie Film, Fernsehen, und Internet auf die Literatur immer größer, aber auch bereits etablierte bzw. altmodischere Telekommunikationsmedien wie das Telefon oder das Handy verfügen über einen Wirkungs- und Anwendungsbereich innerhalb der *Popliteratur*. Alle Medien weisen die gemeinsame Eigenschaft auf, die Texte thematisch zu dominieren und das Schreiben der Autoren stilistisch zu prägen. Die althergebrachten Telekommunikationsmedien spielen in den *popliterarischen* Werken der 90er-Jahre eine große Rolle und ihre Funktionen werden nachfolgend an einigen exemplarischen Textstellen von Benjamin VON STUCKRAD-BARRE dargestellt. Da eine professionelle mediale Inszenierung ein absolutes und unverkennbares Markenzeichen der *Popliteratur* ist, wird sie im nächsten Abschnitt nochmals separiert aufgegriffen und detailliert erörtert. Nachfolgend werden nun einige der häufig verwendeten Medien vorgestellt und ihre Wirkung aufgezeigt. Anschließend wird überprüft, ob und inwiefern sich die Medien und ihre Wirkung auf die Literatur in der heutigen Zeit verändert haben. Um dies exemplarisch zu belegen, wird auf Texte zurückgegriffen, die nach

---

[66] Vgl. MEINECKE (2000).
[67] Vgl. RENZ (2011), S.74.
[68] Vgl. BUTLER (1991), S.57f. und S. 201f.

dem inoffiziellen Ende der *Popliteratur* 2001 publiziert wurden. Bevor die Gesellschaft mit den Mobiltelefonen überschwemmt wurde, war das Festnetztelefon das bedeutsamste unter den Telekommunikationsmedien, stellte es doch die persönlichste sowie schnellste und direkteste Form der Kommunikation dar. Es galt als Garant für eine fast allgegenwärtige Erreichbarkeit und führte bei einer Störung dieses Mediums zu starken Irritationen.[70] Des Weiteren dient es als effiziente Hilfe, Distanzen zu überwinden und zwischenmenschliche Beziehungen aufrechtzuerhalten. So kann zur Untermauerung dieser These und stellvertretend für die Relevanz der althergebrachten Medien in den 90er-Jahren eine Situation aus dem Werk *Soloalbum* herangezogen werden. In dieser Szene hat sich der Protagonist aus Liebeskummer in seiner Wohnung verschanzt und zudem den Telefonhörer nicht aufgelegt:

> „[…] doch dann wollte ich niemanden mehr sehen, keinen Quatsch mehr hören und reden müssen. Einfach allein sein und irgendwann schlafen. Ich hatte den Telefonhörer danebengelegt…[…]."[71]

Die Irritation, die durch die beschriebene Situation hervorgerufen wird, führt nun dazu, dass die Freundin des Protagonisten seine „Nichterreichbarkeit" als etwas sehr Sonderbares empfindet, sich Sorgen macht und aufgrund dessen die Tür aufbrechen lässt.

Auch wenn das Festnetztelefon heutzutage nicht mehr das populärste Kommunikationsmedium darstellt, dient es immer noch der Pflege zwischenmenschlicher Beziehungen und wird auch in Zeiten des Internets regelmäßig genutzt, was sich an moderneren Texten mit popliterarischen Zügen wie *Mängelexemplar* von Sara KUTTNER belegen lässt:

> „Das Telefon klingelt, Papa ist dran, er ruft von der Nordsee an, wo er regelmäßig als Head of Irgendwas die Außenstelle einer großen Versicherungsagentur managt. „Tochter, wie geht es dir?", fragt er fröhlich. Alle zwei Monate haben wir so ein Telefonat, in dem jeder seiner Rolle als Vater / Tochter nachzukommen versucht."[72]

Zu Zeiten des Festnetztelefons spielten ebenfalls der Anrufbeantworter sowie das Faxgerät eine wichtige Rolle im Repertoire der Kommunikationsmedien. Erst genanntes Medium wurde damals rege für verschiedene Intentionen genutzt und nimmt bei STUCKRAD-BARRE teilweise sogar menschliche bzw. personifizierte Züge an. So stellt er eine Art Puffer bzw. Sekretär/in dar, die/der stellvertretend für den Protagonisten die Anrufe der Freundin entgegennehmen und ihm somit Informationen über ihre Ansichten sichern soll.[73] Auch in den 90er-Jahren spielte es bereits eine wichtige Rolle, welches Medium für welche Absichten einge-

---

[69] Vgl. DEGLER/PAULOKAT (2008), S.76.
[70] Vgl. PAULOKAT (2008), S. 231.
[71] Vgl. VON STUCKRAD-BARRE (2000), S.15.
[72] Vgl. KUTTNER (2009), S.85
[73] Vgl. VON STUCKRAD-BARRE (2000), S.17.

setzt wird. So findet es der Erzähler in *Soloalbum* z.B. gemein, dass seine Freundin ein Fax nutzt, um die Beziehung zu beenden:

> „Dafür hatte ich das Ding nun wirklich nicht angeschafft. Bei aller Geringschätzung meine ich auch, man hat schon das Anrecht auf eine staatstragende Beendigungszeremonie mit Heulen und Umarmen und allem. Oder wenigstens ein Brief. Aber doch kein Fax!"[74]

Die Verwendungshäufigkeit des Faxgerätes sowie die des Anrufbeantworters haben in den modernen Texten merklich nachgelassen und sind zwischenzeitlich von der SMS abgelöst worden. Sie kann als Zwischenstufe zwischen den modernen Medien wie *Facebook, Twitter* oder anderen innovativen Kommunikationsplattformen wie *WhatsApp* bezeichnet werden und auch sie hat ebenfalls der negative Ruf ereilt, häufig für sehr unpersönliche Beziehungsauflösungen verwendet zu werden. Die Möglichkeit, das Internet und den Computer als Telekommunikationsmedium zu nutzen, spielt in den fiktionalen Texten von STUCKRAD-BARRE noch keine große Rolle. In *Livealbum* wird lediglich an einer Stelle das Medium E-mail aufgegriffen, wobei der Eindruck entsteht, dass diesem nicht viel Beachtung entgegengebracht wird:

> „Im Viertelstundentakt kontrollierte ich, ob e-mails eingegangen waren und hieß es wieder einmal: /"Es sind keine neuen e-mails für sie auf dem Server vorhanden"/ klickte ich zwar, fand es aber gar nicht: OK./ Ob ich offline gehen wollte, fragte der Computer noch höflich – dabei war es doch schon – Tourende."[75]

Gleiches gilt für das Werk *Soloalbum*. Auch hier wird das Internet nur am Rande erwähnt und taucht in einer Diskussion des Erzählers mit einigen Hausfrauen auf, in der er durch das Aufzählen sämtlicher Klischees des Mediums die Diskussionsteilnehmerinnen provozieren will:

> „[…]. Wissen Sie, dieses haptische Erleben, das ist mir wichtig. Aber die Möglichkeiten sind schon doll. Nur ist ja auch das Missbrauchspotential wahnsinnig groß, nich, als da kann man ja dann von zu Hause aus Banken ausrauben. Und die Jugendlichen sitzen noch mehr vor der Flimmerkiste, das ist dann halt die Kehrseite der Medaille./ Leider hat mich niemand unterbrochen. Die Hausfrauen wussten gar nicht so genau, was das Internet ist, […]."[76]

Dennoch wird durch die Thematisierung angesprochener Medien bereits deutlich, dass sie zum Zeitpunkt der Veröffentlichung der Werke (*Soloalbum* 1998 und *Livealbum* 1999) bereits bekannt und auf dem Weg zu großer Popularität waren. Dieser Umstand deckt sich mit den historischen Fakten zur Entwicklung des Internets, ist es doch in unserer Gesellschaft seit Mitte der 1990er Jahre als Massenmedium etabliert.[77] In dem 2001 erschienenen Werk *Tristesse Royal* greift STUCKRAD-BARRE das Medium Internet bereits merklich intensiver auf, was

---

[74] Ebd., S.18.
[75] VON STUCKRAD-BARRE (1999), S.235.
[76] VON STUCKRAD-BARRE (2000), S.113.

die Hypothese erlaubt, dass diese Entwicklung eine Reaktion des Autors auf die steigenden Popularität und Relevanz des Mediums in der Gesellschaft darstellt. Hier erscheint es u.a. in den negativ konnotierten Kontexten des „Musik-Downloads"[78] und wird als „Gefahr der Kommerzialisierung von Kunst"[79] gesehen. Im positiven Sinne wird das Medium mit seinen „umfangreichen Service-Möglichkeiten"[80] in Verbindung gebracht, zu denen der Autor beispielsweise die Möglichkeit zählt, Blumengrüße über das Internet versenden zu können. Die Verwendungshäufigkeit und Relevanz des Internets ist innerhalb der „inoffiziellen" *Popliteratur*-Nachfolger[81] kontinuierlich gestiegen, wofür stellvertretend und exemplarisch das Werk *Mängelexemplar* von Sarah KUTTNER genannt werden kann. Hier werden neben einer häufigen Verwendung des Mediums seine spezifischen Auswirkungen auf die Sprache deutlich, was z.B. durch eine flache Sprache, kürzere Texte sowie an der häufigen Verwendung von Anglizismen deutlich wird:

> „You can get it if you really want. Ich wante vermutlich nicht really genug. Auf der anderen Seite wante ich zumindest genug, um ordentlich unzufrieden zu sein, es nicht zu getten".[82]

Die Häufigkeit der Thematisierung von Film und Fernsehen in der *Popliteratur* bzw. in Werken mit popliterarischen Zügen hat sich in der Zeitspanne von 1990 bis jetzt nicht merklich verändert, obwohl man insbesondere dem Fernsehen zugestehen muss, dass es sich nun stärker auf die Literatur auswirkt. In diesem Kontext kann mittlerweile von einer intensiven Verknüpfung der Branchen gesprochen werden, die ein personelles Wechselspiel zwischen Autoren und Moderatoren impliziert. Dies ist z.B. daran ersichtlich, dass eine Vielzahl der aktuellen Autorinnen vorher als TV-Moderatorinnen tätig waren bzw. immer noch in diesem Bereich tätig sind. Exemplarisch können in diesem Zusammenhang Sarah KUTTNER, Charlotte ROCHE und Alexa HENNING VON LANGE genannt werden. Das „Allroundtalent" Sarah KUTTNER ist beispielsweise auf verschiedenen Medienkanälen sowie Formaten wie z.B. dem ZDF Neo-Magazin *Bambule*[83] oder mit ihrer Sendung *Ausflug mit Kuttner*[84] präsent gewesen und erhielt 2005 aufgrund dessen auch den *Musikexpress Style Award* für die „Medienperson

---

[77] Vgl. HILBERT/PRISCILA (2011), S. 60f.
[78] Vgl. VON STUCKRAD-BARRE (2001), S.36
[79] Vgl. Ebd.
[80] Vgl. VON STUCKRAD-BARRE (2001), S.39.
[81] Gemeint sind hiermit alle Werke, die nach dem „inoffiziellen Ende" der *Popliteratur* im Jahr 2001 erschienen sind.
[82] KUTTNER (2009), S.54.
[83] Vgl. N.N. (2012), `Lifestyle ZDF Neo-Magazin`.
[84] Vgl. KUTTNER (2011), `Ausflug mit Kuttner`.

des Jahres".[85] Charlotte ROCHE begann ihre TV-Karriere beispielsweise auf VIVA Zwei mit der Musiksendung *Fast Forward*[86] und Alexa HENNING VON LANGE moderierte ab 1995 die Kindersendung *Bim Bam Bino* bei Kabel 1.[87] Des Weiteren existiert auch das umgekehrte Beispiel, so moderiert der ehemalige Pop-Autor Benjamin VON STUCKRAD-BARRE nun seine eigene TV-Sendung *Stuckrad-Barre*[88] auf Tele 5. Zusammenfassend kann zum Verhältnis von *Popliteratur* und Medien das Fazit gezogen werden, dass Medien in den meisten Werken eine dominante Position einnehmen und sich die inhaltliche Relevanz der Medien in den Texten nicht verändert hat. Dies impliziert eine nach wie vor intensive Verwendungshäufigkeit der Medien in den Texten. Es haben sich lediglich die Medienformate und ihre spezifischen Anwendungsmöglichkeiten geändert, die zudem in der heutigen Zeit noch vielfältiger geworden sind. Bemerkenswert sind jedoch die immer schneller werdenden Abläufe innerhalb der Gesellschaft und die damit zusammenhängende „Konsumgeilheit". Sie wird daran ersichtlich, dass die Abstände zwischen Buchveröffentlichungen immer kürzer werden, betrugen diese doch in der Vergangenheit des Öfteren noch mehrere Jahre. Auffällig ist zudem die stärker gewordene Wirkung der Medien auf den verwendeten Sprachstil und auf die Inhalte der Literatur. Wie bereits angesprochen, werden die Texte immer flacher, kürzer bzw. immer schneller geschnitten, so dass sich Literatur teilweise Drehbüchern für Unterhaltungs- oder Milieufilme annähert. Angesprochene Abkehr von der bisher üblichen linearen Erzählweise ist zwar ebenfalls auf dem Büchermarkt zu beobachten, viel deutlicher und drastischer wird sie jedoch im Internet erkennbar. Sie impliziert, dass der Text nun symbolisch nicht mehr als Weg, sondern als eine Landschaft präsentiert und der Rezipient nun z.B. die Möglichkeit hat, zwischen verschiedenen Textfragmenten hin- und her zu reisen.[89] Ein Beispiel für eine solche Plattform ist der Web-Auftritt des Autors Mirko BONNE, der unter dem Namen *Digitab* ein sogenanntes Tableau der Gegenwart ins Leben gerufen hat. Innerhalb dieses interaktiven Auftrittes hat der User den Titel *Das Salinenunglück zu Grüningen-Tennstedt* visuell sowie literarisch in Szene gerückt. Hier hat der User unter anderem die Möglichkeit, zwischen sieben frei selektierbaren Tafeln, die Novalis Versuch thematisieren, ein Perpetuum mobile zu konstruieren, autonom hin- und herzureisen und die chronologische Reihenfolge der Informationen selbst zu bestimmen.[90] Es existieren viele weitere solcher Internetauftritte, z.B. schrieb

---

[85] Vgl. KUTTNER (2005), `Musikexpress style`.
[86] Vgl. ROCHE (2013), `Biographie`.
[87] Vgl. HENNING VON LANGE (2013), `Bim Bam Bino`.
[88] Vgl. STUCKRAD-BARRE (2013) `Grimme-Preis`.
[89] Vgl. ERNST (2001), S.86.
[90] Vgl. BONNE `Das Salinenunglück`.

Matthias POLITYCKI (*1955) die Fortsetzung seines *Weiberromans* (1997) als „Novel-in-progress" im Internet und gab den Besuchern während des gesamten Verfassungsprozesses, die Möglichkeit, mit ihm über mögliche Fortsetzungsvarianten zu diskutieren und sich somit interaktiv einzubringen.[91] Dennoch ist diese Entwicklung auch kritisch zu betrachten, wird im Zuge dieser Entwicklung doch die Idee des produktiven, individuellen und authentischen Autors konterkariert, indem diese Texte nun jegliche individuelle Handschrift in Bezug auf Stil, Kreativität, Inhalt etc. vermissen lassen. Dies impliziert mehrere Konsequenzen: Der Text kann nun keinem authentischen einzelnen Verfasser mehr zugeordnet werden, die Literatur verliert so ihre Autonomie und verkommt letztendlich zu einer benutzerfreundlichen Oberfläche, die durch die kommerziellen Hintergedanken der Kulturindustrie geprägt ist.

2.7 Die mediale Inszenierung

Ein absolut unverkennbares Markenzeichen der *Popliteratur* ist ihre mediale Inszenierung. Bereits die *Popliteratur* der 1960er-Jahre hatte sich vom althergebrachten, altmodischen Konzept des Autors im Elfenbeinturm verabschiedet, indem der Literat wenig bis überhaupt keinen Kontakt zur Außenwelt hatte.[92] Nachdem seit den 80er-Jahren das Erzählen in der postmodernen Literatur wieder Einzug gefunden hat, liegt in der *Popliteratur* nochmals eine veränderte Situation vor, in der nun nicht nur das Werk, sondern ebenfalls der Autor sowie die Autorenschaft im Focus der Marketingstrategie stehen. Nach KAULEN wird im Verlauf dieses Prozesses die „kritische Außenseiterrolle" des Autors durch den „Habitus einer selbstironischen, beobachtenden Teilnehmerschaft an der aktuellen Medien- und Popularkultur" ersetzt.[93] Das hauptsächliche Ziel der verfolgten Strategie, die man auch als „Literatainment" bezeichnen könnte, liegt selbstverständlich im kommerziellen Bereich, aber auch der ästhetische wird nicht außer Acht gelassen. Die kommerziellen Ziele manifestieren sich in der Personalisierung der Autoren und in der Organisation des Autorenkollektivs im Medienverbund. Teilweise sorgen die Autoren auch selbst dafür, dass sie und ihr Werk die entsprechende Medienpräsenz erhalten. Die ästhetischen Aspekte äußern sich in der Stilisierung der Popromane als „Kult" und ihrer Urheber als Popstars. Prinzipiell werden möglichst viele synergetische Effekte zwischen Literatur, Musik, Print- und audiovisuellen Medien angestrebt, die eine wechselseitige Wirkungsverstärkung bzw. ein gegenseitiges Profitieren implizieren. Angewendete Vermarktungsstrategie steht in enger Verbindung mit einer sehr konsu-

---

[91] Vgl. POLITYCKI 'Weiberroman'.
[92] Vgl. MEHRFORT (2009), S.193.
[93] Vgl. KAULEN (2002), S.211.

mentenorientierten Ausrichtung und hat der *Popliteratur* zu einem Status verholfen, der bislang nur den Populärmedien wie Film, Fernsehen, Hörfunk und Internet vorbehalten war. Sie wird durch eine auf die jugendliche Käufergruppe abgezielte Präsentation der Produkte weiter forciert. Z.B. wird versucht, durch leuchtend grelle Farben und ungewöhnliche Layouts, sowie durch besonders auffällig und style-bewusst aufbereitete Autorenfotos die Aufmerksamkeit der potentiellen Käufer zu wecken. Schlussendlich bekommt der Konsument bzw. Käufer ein fertiges Marketingkonzept vorgesetzt, ihm wird, um die Werbesprache zu nutzen, eine geschlossene Corporate Identity mit auf den Weg gegeben. Diese setzt sich aus den Elementen Text, Covergestaltung, Bildern und den passenden Statements zusammen. Zu dieser erwünschten Corporate Identity trägt z.B. ebenfalls bei, wenn die jungen Autoren Werbung für bestimmte Kleidungsstücke bzw. Marken machen. So beschreibt ILLIES, dass sich KRACHT und STUCKRAD-BARRE in einer Anzeigenkampagne für *Peek & Cloppenburg* als konsequente Anzugträger bekannten und dass man ihnen dankbar dafür ist, dass sie als erste Generationsgenossen zugaben, eine Putzfrau zu haben.[94] DEGLER und PAULOKAT gehen sogar so weit, die mediale Inszenierung und die auffallende Selbstverständlichkeit, mit der sich die Autoren in der medialen Welt bewegen, als das markanteste Kennzeichen in der Produktion und Rezeption der *Popliteratur* zu bezeichnen.[95] Wie bereits angesprochen, nutzen viele der Autoren der Szene unter Mithilfe ihrer Verleger eine individuelle Corporate Identity, um sich von den anderen Autoren abgrenzen zu können und somit eine eigene wirtschaftlich rentable Nische auf dem Büchermarkt zu generieren. Absolute Authentizität ist bei dieser Vorgehensweise seitens der Autorenschaft nicht immer gegeben und anscheinend auch nicht zwingend notwendig, was die folgende Aussage STUCKRAD-BARRES in einem Interview mit der SÜDDEUTSCHEN ZEITUNG verdeutlicht: „Heute muss man zu den Büchern ein Image liefern. Das ist genau wie in der Popmusik, und ob das authentisch ist oder nicht, spielt keine Rolle."[96] Außerdem ist in diesem Zusammenhang kritisch anzumerken, dass eine ausgeprägte mediale Präsenz der Autoren vom Publikum erwartet wird und die Autoren, ob sie wollen oder nicht, dieser gerecht werden müssen. Aufgrund dessen kann die angesprochene Selbstinszenierung einerseits als Schutz der eigenen Person durch den Aufbau einer zweiten „Medienpersönlichkeit" und andererseits als Wunscherfüllung des Publikums nach einem „schillernden Literatur-Star" interpretiert werden.[97] Es existieren dennoch Autoren, deren mediale

---

[94] Vgl. ILLIES (2000), S.34.
[95] Vgl. DEGLER und PAULOKAT (2008). S.15.
[96] FARKAS (1999) 'Die Voraussetzung ist Größenwahn'
[97] Vgl. Mehrfort (2005), S.194.

Identität durchaus als sehr authentisch eingestuft werden kann, die sie freiwillig und gerne verkörpern. Ein Beispiel hierfür ist Thomas MEINECKE, auf den man unter anderem im Kontext der *Popliteratur* der 1990er-Jahre stößt, wenn man nach dem Schlagwort vom „Autor als DJ"[98] sucht. Diese Verknüpfung stellt ebenfalls eine Corporate Identity dar und wurde gerne genutzt, weil sie das etwas antik anmutende Medium Literatur in ein innovatives Licht stellte und ihm somit eine Form von Hipness bzw. Avantgarde verlieh. Avantgarde steht in diesbezüglich für eine starke Orientierung an der Idee des Fortschritts und definiert sich durch eine besondere Radikalität gegenüber bestehenden politischen Verhältnissen oder vorherrschenden ästhetischen Normen. Außerdem erlangt die viel gescholtene und oft als belanglos abgetane *Popliteratur* auf diese Weise intellektuelle Weihen, wurde doch in vielen Pop-, Kunst-, und Kulturzeitschriften ein Bild von einer „DJ-Culture" gezeichnet, das elektronische Musik, Sampling und das Plattenauflegen in Clubs geradezu als ein Paradigma zeitgenössischer Kunst ansieht.[99] Thomas MEINECKE ist so ein Autor, der systematisch dafür gesorgt hat, seine Autorenperson mit einer wirtschaftlich rentablen Identität, in diesem Fall eine als „Autor-DJ", auszustatten. Seine Werke *Tomboy* (2000), *Hellblau* (2001), *Musik* (2007) und *Jungfrau* (2008) weisen allesamt das Merkmal auf, dass zu großen Teilen direkte und indirekte Zitate aus anderen Texten übernimmt und diese zu einem neuen Ganzen umgestaltet. Somit existiert hier eine Analogie zur Tätigkeit eines DJs, da er aus verschiedenen Musiksequenzen und unterschiedlichsten Quellen einen langen Mix generiert, der sich durch harmonische Übergänge zwischen den einzelnen Elementen auszeichnet und manchmal sogar auch eine kleine Geschichte erzählt. Um die Corporate Identity abzurunden, arbeitet MEINECKE schlüssigerweise als Radio-DJ beim bayerischen Rundfunk und legt zudem bei vielen renommierten Technoveranstaltungen sowie im Anschluss an seine Lesungen Platten auf.[100] Außerdem ist er als Musiker der Gruppe Freiwillige Selbstkontrolle (FSK) tätig.[101] Der Erfolg seiner medialen Inszenierung wird z.B. daran deutlich, dass er in Rezensionen schon fast notorisch als DJ bezeichnet wird[102] und sein Werk *Hellblau* passende Einschätzungen wie „gesampelter DJ-Mix"[103], „vom Schreiben als Plattenauflegen"[104] und „Schreiben als Sampling"[105] erhalten hat. Die Rezensenten attestieren ihm somit, die nicht ganz einfache Gradwanderung geschafft zu

---

[98] Vgl. FIEBIG (1999), S.232.f.
[99] Vgl. PICANDET (2011), S. 126.
[100] Vgl. PICANDET (2011), S.126.
[101] Vgl. BAßLER (2005), S.135.
[102] Vgl. hierzu die Rezensionen von BAUMGART (2001), BEIKÜFNER (2001) und BOENISCH (2001).
[103] Vgl. BOENISCH (2001) 'Mein Text weiß mehr'.
[104] Ebd.
[105] Vgl. Hess (2001) 'DJ der Worte'.

haben, das innovative Handwerk der DJ-Culture samt seiner vielen technischen Feinheiten analog auf seine Literatur zu transferieren und dabei seinen eigenen Stil zu kreieren. Einerseits sticht MEINECKE mit seinen Werken aus der breiten Masse heraus, indem er seine Romanprosa ganz bewusst von den feuilletonistischen Verfahren der eingängigen Pointierung, die sich durch ihren besonders eindringlichen und nachdrücklichen Stil auszeichnet, abgesetzt hat. Andererseits distanziert er sich deutlich von den zu diesem Zeitpunkt konformen Narrationsmustern und verwendet für seine Texte die sogenannte Technik der Überterminierung, für die ein Textfluss von ein bis zwei Seiten sowie sorgsam ausgepegelte Textabschnitte charakteristisch sind.[106] Zusammenfassend kann er exemplarisch für eine schlüssige und funktionierende Corporate Identity genannt werden.

2.8 2001 – das endgültige Ende der Popliteratur?

In verschiedenen Quellen[107], in denen über das Ende der *Popliteratur* debattiert wird, taucht das Jahr 2001 als genannter Zeitraum für das Ende dieser Strömung auf. In diesem Abschnitt wird darauf eingegangen, ob und inwiefern das Jahr 2001 und der Anschlag auf das World Trade Center im September gleichen Jahres für ein deutlich abgegrenztes Ende dieser literarischen Entwicklungslinie gesorgt haben. Gibt es eventuell noch andere Gründe, dafür, dass nach der Jahrtausendwende offiziell keine weiteren Werke in dieser Gattung hinzugekommen sind? Ebenfalls ist in Betracht zu ziehen, dass die Entwicklung der *Popliteratur* gar nicht oder nur gering beeinflusst worden ist und die Übergänge zwischen den Epochen fließend sind. Im Folgenden wird versucht, Antworten auf obige Fragestellungen zu geben oder zumindest eine Einschätzung dieser Problematik aufzuzeigen. Die Thematik dieses Abschnittes ist von elementarer Bedeutung, da im weiteren Verlauf der Arbeit analysiert wird, inwiefern Charlotte Roches *Feuchtgebiete* (2008) sowie der Nachfolger *Schoßgebete* (2011) innerhalb der Kategorie der *Popliteratur* eingeordnet werden können. Nachfolgend werden zunächst Argumente aufgeführt, die für eine Befürwortung der angesprochenen „2001er-Thesis" sprechen. Es ist anzumerken, dass diese nicht die Ansicht des Verfassers darstellen. Sie wird im letzten Abschnitt der Arbeit nach der Analyse der beiden Werkes in einem abschließenden Fazit zum Ausdruck gebracht. Als Vertreter des angesprochenen Standpunktes sind DEGLER und PAULOKAT (2008) zu nennen. Sie sind der Auffassung, dass sich spätestens ab 2002 deutliche literarische Veränderungen beobachten lassen und dass es aufgrund dessen sinnvoll ist, die zeitliche Grenze bezüglich des 09.11.2001 zu ziehen. Zum einen sehen sie die durch die

---

[106] Vgl. BAßLER (2005), S.143.

Katastrophe verursachten gesellschaftspsychologischen Veränderungen (Abkehr von der Oberflächlichkeit, Wegfall des Genusses als Motiv und ein Ende des Luxus), die einen Zusammenbruch des kulturellen Milieus des *Pop* implizierten, als Ursache. Außerdem erwiesen sich viele Veröffentlichungen aus dem Jahr 2001 geradezu als prophetisch, griffen sie doch teilweise den Terroranschlägen vorweg. Dieser Umstand sorgte ebenfalls bei vielen für eine Befürwortung der 2001-Thesis, da sich nun das Entsetzen über die Gewalt mit einem „Déjà-vus der Fiktion" mischte. Exemplarisch kann in diesem Zusammenhang Klaus VONDUNG angeführt werden, der sich angesichts der Fernsehbilder sowohl an die „Phantasie der gelangweilten Popliteraten"[108] von *Tristesse Royal* als auch an Christian KRACHTS „kokette Pose"[109] mit einer Kalaschnikow auf dem Umschlagfoto von *Mesopotamia* erinnert fühlt. Andererseits sollen auch ökonomische Prozesse zu dieser Entwicklung beigetragen haben. Z.B. hatte die deutschsprachige Medienlandschaft zu diesem Zeitpunkt mit einer Wirtschaftskrise zu kämpfen, die durch das Platzen der sogenannten „Dot-Com-Blase"[110] im März 2000 verursacht wurde und durch die die ökonomische Grundlage der Branche verloren ging. Dies führte dazu, dass viele Zeitungen und Verlage ihre Auflagen drastisch reduzierten oder sogar Beilagen völlig einstellten. So verzichtete die SÜDDEUTSCHE ZEITUNG z.B. vollständig auf ihre Jugendbeilage.[111] Andere Autoren wie MEHRFORT sind zwar der Ansicht, dass die Hoch-Zeit der *Popliteratur* seit der Jahrtausendwende vorbei ist, begründen dies jedoch nicht mit der Thematik des 11. September. Vielmehr hat sich ihrer Meinung nach die spezifische Situation der Bundesrepublik Deutschland im Vergleich zu den 90er-Jahren drastisch verändert. Z.B. befand sich Deutschland infolge des Zusammenbruches der UDSSR in einer Zeit des Umbruchs, in der sich Ost und West annäherten und Deutschland am 3. Okt. 1990 wiedervereint wurde. Die Folgen beschreibt MEHRFORT folgendermaßen:

> Diese realgeschichtlichen Ereignisse folgten relativ rasch aufeinander, so dass es in der erste Phase der Konsolidierung ungemein viel in historischer, wirtschaftlicher und sozialemotionaler Hinsicht aufzuarbeiten gab.[112]

Oben beschriebene Situation war jedoch um die Jahrtausendwende nicht mehr gegeben. Aufgrund dessen kann die These aufgestellt werden, dass sich angesprochener Situationswandel und das reale Älterwerden der Autoren auf die Wahrnehmung der eigenen Lebenswelt und

---

[107] Vgl. DEGLER/PAULOKAT (2008), S. 114, PAULOKAT (2006), S.89 und MEHRFORT (2009), S. 195.
[108] VONDUNG (2002), S.151.
[109] Ebd.
[110] Der Begriff **Dot-Com-Blase** steht für eine geplatzte Spekulationsblase, die insbesondere die sogenannten Dot-Com-Unternehmen der New Economy betraf und vor allem in Industrieländern zu Vermögensverlusten für Kleinanleger führte.
[111] Vgl. DEGLER/PAULOKAT (2008). S. 114.

die der Altersgenossen ausgewirkt hat. Letztendlich begründet also diese neu gefundene Weltanschauung der Autoren, warum die *Popliteratur* ein temporäres Phänomen bleiben musste.[113] Zudem existieren weitere Stimmen, die einer Gleichsetzung von *Popliteratur* und Spaßgesellschaft und somit auch dem herbeigerufenen Verschwinden dieser durch den Anschlag am 11. September widersprechen. Die *Popliteratin* Else BUSCHHEUER, die mit ihrem *New-York-Tagebuch* (2002) einen ungeheuren Popularitätsschub erhielt, ist eine exemplarische Vertreterin des angesprochenen Standpunktes. Ihr Tagebuch beschreibt detailliert die Ereignisse vom 09.11.2001 aus der Stadt im Ausnahmezustand. Sie formulierte in der *Welt am Sonntag*:

> „Dass der 11. September das Ende der Spaßkultur markiert, wie immer wieder gesagt wird, glaube ich nicht. Die war schon längst vorbei. Die Sehnsucht nach Botschaft, nach Haltung, nach Wesentlichkeit, die war schon vorher zunehmend zu spüren. Ich bemerke an mir das vorher nicht bekannte Bedürfnis, mit Freunden und Familie über Weltpolitik zu reden, zu streiten. Mich interessieren in Zeitungen vollkommen andere Themen als früher (früher habe ich nur das Feuilleton rausgezogen und den Rest weggeschmissen)."[114]

Weiterhin tauchen die dunklen Vorahnungen in den Büchern der *Popliteratur* für diese Vertreter nicht zufällig auf, da für sie *Pop* und Weltuntergang nah beieinander liegen. Sie sehen Popromane nämlich als „Sehnsuchtsphantasien von Auslöschung und Untergang, Variationen der Apokalypse, die herbeigeschworen werden, wenn es mit dem Leben, dem Pop oder dem Schreiben so nicht weitergehen kann."[115] Wiederum andere Kritiker verstehen die Thematisierung von Gewalt und Terror in popliterarischen Werken als ein Element des popkulturellen Tableaus, das sich aus den inhaltlichen Themen Mode, Sex, Lifestyle und eben Gewalt und Terror zusammensetzt. Für sie stellt eine Thematisierung der angesprochenen Inhalte lediglich eine Strategie der Autoren dar, um einen möglichst großen kommerziellen Erfolg erzielen zu können. Dies impliziert, dass der beschriebene Terror und die Gewalt ohne jeglichen historischen Bezug formuliert werden und das Ziel der Autoren lediglich darin besteht, „die Szenarien der Gewalt ästhetisch kohärent mit Elementen aus einem Paradigma" auszustatten."[116] Die Vielzahl der beschriebenen und teilweise differenten Standpunkte kann insofern zusammengefasst werden, dass es sich offensichtlich anzweifeln lässt, dass eine Verbindung zwischen dem 11. September 2001 und dem Ende der sogenannten Spaßgesellschaft existiert. Dies impliziert ebenfalls, dass der Anschlag auch nicht den Tod der damit assoziierten *Popli-*

---

[112] MEHRFORT (2009). S.48.
[113] Ebd. S. 197.
[114] BUSCHHEUER (2001) ʻNew-York-Tagebuchʻ
[115] SEIDL (2001), S.49.
[116] WERBER (2003), S.60.

teratur herbeigeführt hat. Eine auf diesen Abschnitt aufbauende detailliertere Bewertung der vorliegenden Fakten folgt in Bezug auf die beiden Werke Charlotte ROCHES in Abschnitt 7.3 sowie 8.

3 Inhaltliche Merkmale der Neuen Deutschen Popliteratur

Im Folgenden wird ein inhaltliches Profil der Neuen Deutschen *Popliteratur* erstellt, das die inhaltlichen Merkmale dieser Strömung aufzeigt. Grundsätzlich wird das Lebensgefühl der Gegenwart, also das der 1990er- Jahre bzw. das der Jahrtausendwende, vermittelt. Die Handlungen können als wenig aktionsreich und spannend bezeichnet werden. Der Rezipient hat es in der *Popliteratur* eher mit Momentaufnahmen aus der Gegenwart, genauer gesagt mit dem Alltag der städtischen Jugend, zu tun. Der Hauptprotagonist tritt meist aus der personalen Sicht eines Ich-Erzählers auf. In dieser Rolle erlebt dieser teilweise komische, absurde, aber manchmal auch tragische Geschichten. Die Leitthemen der *Popliteratur* sind Musik, Medien, Mode, Drogen sowie Sex, Liebe und Freundschaft. Die Leitmotive der Strömung benennt SCHWANDER (2002) sehr treffend und vollständig. Zu diesen zählt er Identitätsfindung, Perspektiv- und Orientierungslosigkeit, Weltschmerz, Selbsthass, Ratlosigkeit, Liebesverlust, zwischenmenschliche Kommunikationsprobleme, Angst, Einsamkeit, Entfremdung und eine fast immer gestörte Sexualität.[117] Aufgrund der Vielzahl an Merkmalen wird im Folgenden nur auf die relevantesten Inhalte tiefgründiger eingegangen. Eine Ausführung sämtlicher Merkmale würde den Rahmen der vorliegenden Arbeit überschreiten. Vorab kann jedoch festgestellt werden, dass sich die Inhalte der *Popliteratur* von denen der oben angesprochenen *dadaistischen* Literatur sowie der *Beat*-Literatur unterscheiden. Der Unterschied liegt im Wesentlichen in der Änderung der Grundeinstellung. Diese war vorher eher rebellischer Natur und zeichnet sich nun in einer Hinwendung zur Populär- und Massenkultur aus.

3.1 Adoleszenz und Jugendlichkeit

Ein auffälliges inhaltliches Merkmal ist der Umstand, dass viele der *Popliteratur*autoren über eine Phase ihres Lebens schreiben, zu der sie entweder nur geringfügigen zeitlichen Abstand haben oder die sie gerade erst durchleben. Ihnen ist gemein, dass sie alle über ihre Jugend und Adoleszenz berichten – und dies als Betroffene![118] Aufgrund dessen bezeichnete HÜLSWITT die junge westliche Literatur bereits 1999 treffend als Jugendliteratur in doppeltem Sinne.[119] Den doppelten Sinn sah er darin, dass die Literatur zum einen von „Jugendlichen" verfasst wurde und zum anderen, weil sie von jungen Menschen handelt. Es wird in diesem Zusammenhang nicht immer über eine reibungslose Adoleszenz berichtet. Viele der Protagonisten in

---

[117] Vgl. SCHWANDER (2002), S.72f.
[118] Vgl. GANSEL (2003)b. S.144.
[119] Vgl. HÜSLWITT (1999). S.203.

der *Popliteratur* durchleben in dieser Entwicklungsphase eine Form der Selbstfindung und versuchen für ihre Person eine Position zwischen den gegenteiligen Anforderungen von Familie und Jugendkultur zu finden. Die popliterarischen Werke zeigen aber auch, dass nicht jeder „Selbstfindungskampf" zwangsläufig irgendwann in einer gefestigten und ausgeglichenen Persönlichkeit münden muss. Solche desillusionierenden Beispiele lassen sich etwa in KRACHTS *Faserland*[120], das phasenweise als schwermütig zu charakterisieren ist, sowie in anderer Form in Alexa Henning VON LANGES *Relax*[121] finden. Möchte man den Zustand, den man als „noch-nicht-erwachsen, aber auch-kein-Kind-mehr" einordnen würde oder wie RUTSCHKY ihn formuliert „als Abschied von der unschuldigen Kindheit und Eintritt in die Welt der Erwachsenen"[122] anhand einer literarischen Entwicklungslinie aufzeigen, so erscheint die *Popliteratur* hierfür geradezu prädestiniert. Dies begründet sich in dem bereits aufgegriffenen Umstand, dass sehr viele popliterarische Werke bevorzugt einen Protagonisten aufweisen, der sich in einer postmodernen Gesellschaft befindet und sich durch eine „relative Unbestimmtheit auszeichnet, was die dazugehörigen Altersgruppen, Kontexte, Rahmenbedingungen und Verlaufsformen" betrifft.[123] Vergleicht man die moderne Adoleszensphase mit der Jugend vormoderner Gesellschaften, so fällt auf, dass die durch die Modernisierung entstandene Variabilität den Jugendlichen in ihrer Selbstfindung Probleme bereitet. Die Grenzen verschwimmen und der Jugendliche hat Schwierigkeiten, seine Position in der Gesellschaft zu finden und sein individuelles Wertesystem auszubilden. Er sieht sich aufgrund dessen Problemen gegenüber, die sich beispielsweise in diffusen Inhalten wie „Jungsein, Marginalisiertsein, alltäglichen Machtkämpfen, politischen Auseinandersetzungen, sexuellen Konflikten"[124] sowie einer ganzen Palette von spezifischen pubertären sowie jugendlichen Konfliktbewältigungen manifestierten. KING begründet die angesprochene Problematik anhand von Theorien über die gesellschaftliche Modernisierung und ist der Meinung, dass „zunehmend größere Gruppen der Bevölkerung in diesen (durchaus auch ambivalenten) Genuss einer unbestimmteren Jugendphase" kommen und so „offenere Optionen für biographische Wege" entstehen.[125] Eine Analogie zu dieser Situation lässt sich zum Beispiel momentan auch in der Spiritualität der Gegenwart beobachten. Wir befinden uns zur Zeit in einer für spätmoderne Gesellschaften typischen Phase der Individualisierung. Sie schreitet stetig fort und eröffnet den Menschen

---

[120] KRACHT (1997) *Faserland*.
[121] VON LANGE (2004) *Relax*.
[122] Vgl. RUTSCHKY (2003). S. 111.
[123] Vgl. GANSEL (2003)a, S.239.
[124] Ebd., S.236.
[125] Vgl. KING (2002), S.21.

auf der einen Seite viele Möglichkeiten, überfordert sie aber auch zusehends. Aufgrund dessen nimmt die Form der sogenannten Selbstsermächtigten Spiritualität zu, die Menschen greifen immer mehr auf individuelle esoterische und religiöse Mischformen der Spiritualität/Religiösität zurück, um sich auf diese Weise eigenständig einen Rückhalt für die steigenden Anforderungen der Gesellschaft geben zu können.

Zusammenfassend ist die *Popliteratur* in ihrem Kern Adoleszenzsliteratur und eine ganze Reihe von Texten steht exemplarisch für den modernen bzw. postmodernen Adoleszenzroman. Die Autoren der *Popliteratur* befinden sich in der Gegenwärtigkeit, es ist ihnen jedoch ein ausgeprägter Hang zur Retrospektive zu bescheinigen.

3.2 Warenwelt und Semantik von Marken

Bevor auf die Inhalte der Warenwelt und der Semantik von Waren in der *Popliteratur* eingegangen wird, findet zunächst ein Exkurs über die Geschichte des Markennamens in der deutschen Literatur statt. Die nachfolgenden Ausführungen erinnern in ihrer ganzen Spezifik, die eine gleiche Vorgehensweise sowie ein absolut kongruentes Vokabular impliziert, sehr an die Distribution *popliterarischer* Werke und sind aufgrund dessen erwähnenswert und interessant. Grundvoraussetzung für eine authentische Markenkultur ist zunächst die Bereitstellung moderner Produktions- sowie Distributionsbedingungen. Diese Voraussetzung wurde in Deutschland kurz vor 1900, also etwa zeitgleich mit dem Einsetzen der literarischen Moderne, geschaffen.[126] Um einen populären Status zu erreichen, benötigt ein Markenname in letzter Konsequenz drei fundamentale Dinge. Zunächst muss die Möglichkeit bestehen, einen Artikel massenhaft, d.h. in wiedererkennbarer Qualität zu produzieren und ihn zudem über einen größeren geographischen Raum vertreiben zu können. Das dritte Fundament wird dadurch gebildet, dass der Artikel nicht nur entsprechend distribuiert, sondern unabhängig davon auch sein Markenname publik gemacht werden muss. Um dieses Ziel zu erreichen, wird ökonomischerweise das entsprechende Emblem/der Werbeslogan an Standorten platziert, an dem es/er möglichst viele Menschen zu Gesicht bekommen und unterbewusst verinnerlichen. Früher beschränkten sich Werbekampagnen auf massenhaft vertriebene Publikationen wie Zeitungen oder Plakate an großen belebten Plätzen in Großstädten. Im Gegensatz dazu werden Marketingplattformen heutzutage eher durch modernere audiovisuelle Medien wie TV oder Internet ersetzt, die die Möglichkeit offenbaren, noch mehr Menschen erreichen zu können. Die Notwendigkeit, für einen Artikel werben zu müssen, setzt eine marktwirtschaftli-

---

[126] Vgl. BAßLER (2002). S.160.

chen Konkurrenzsituation voraus, da im Endeffekt nur für einen Artikel geworben werden muss, für den ein Käufer potentielle Alternativen zur freien Auswahl hat. Dies impliziert für den Hersteller die Notwendigkeit, für diesen Artikel eine spezifische Nische bzw. ein Marktsegment zu finden, um seinen Artikel von den anderen potentiellen Alternativen abzuheben und eine individuelle Spezifik herauszuarbeiten. Die gleiche Konkurrenzsituation herrscht auch unter den Popautoren vor, auch für sie besteht die Notwendigkeit, sich von den anderen Autoren, die zudem alle das gemeinsame Ziel eines möglichst mainstreamtauglichen Produktes verfolgen, zu unterscheiden. Die hier anzutreffende Situation kann als ein „produktives Schlachtfeld"[127] interpretiert werden, auf dem eine Vielzahl von Autoren um Marktanteile und um den Status „pop-ulär" kämpfen. Aufgrund dessen wird, wie in Abschnitt 2.7 „Die mediale Inszenierung" bereits angemerkt, eine möglichst geschlossene „Corporate Identity" angestrebt und die Einbeziehung der Warenwelt und der Markensemantik in die Lebenserfahrungen der Figuren kann somit als ein hervorstechendes inhaltliches Merkmal *Popliteratur* bezeichnet werden. Die Popautoren sowie die Verlage nutzen sie, um eine möglichst individuelle, authentische und für den Konsumenten nachvollziehbare Identität zu generieren. Die Anwendung des Warenwortes und des Markennamens verfolgt vor allem die Wirkung der soziografischen Kennzeichnung von Personen und Milieus und eignet sich laut DEGLER und PAULOKAT (2008) hierfür besonders gut, da Marken wie eine Chiffre funktionieren, d.h. sie verweisen auf etwas, das über das Produkt an sich hinausgeht. Die Autoren können sich so bestimmte Marken zu Nutzen machen, die ihrer Meinung nach charakterliche bzw. persönliche Eigenschaften ihrer eigenen Person implizieren sowie ausdrücken bzw. hervorheben. Die Verwendung der Markennamen ging in der *Popliteratur* sogar so weit, dass Bücher wie *Tristesse Royale*[128] von Joachim BESSING sowie die Generation *Golf I*[129] und *Golf II*[130] von Florian ILLIES mit einem Verzeichnis ausgestattet wurden, das unter anderem der Aufzählung von Markennamen sowie der Findung von Textpassagen dient, die bestimmte Marken thematisieren. Angesprochene Werke verfügen jedoch nicht nur über die sowieso schon seltsam anmutenden Markenverzeichnisse, sondern ebenfalls über Register, die Personennamen und spezielle Sachverhalte mit einer ganz selbstverständlichen Gleichberechtigung aufführen.[131] Diese Register erinnern an pragmatische Kategorien, jedoch ist die Zusammenstellung der

---

[127] Vgl. GRABIENSKI (2001)`*Christian Krachts Faserland*`, S.4.
[128] BESSING (2001) *Tristesse Royal.*
[129] ILLIES (2000) *Generation Golf. Eine Inspektion.*
[130] ILLIES (2003) *Generation Golf zwei.*
[131] Vgl. DEGLER/PAULOKAT (2008), S.35.

verschiedenen Inhalte logisch nicht nachvollziehbar. Folgender beliebig ausgewählter Auszug aus dem Register von *Generation Golf II* [132] verdeutlicht dies anschaulich:

> „Barzel Rainer, Bayern München, Beckenbauer, Franz, Becker, Boris, Benimmregeln, Berlin, Beziehungen, Big Brother, Bin Laden, Osama, Bioladen, Biolek, Alfred, Biotechnologie, Bohlen Dieter, Bonn, Börse, Börse im Ersten, Börsenboom, Botox-Spritzen, Boulevard Bio Boutros Boutros Ghali, Bravo Starschnitte, Bundeswehr, Bush, George W."

Dieser übertriebene und den Rezipienten überschwemmende Einsatz von Markennamen wurde durch Olaf GRABIENSKI in seiner Analyse von Christian KRACHTS *Faserland* ausreichend erschöpfend untersucht. Er zählt in seiner Arbeit[133] 70 Nennungen unterschiedlichster Marken. Es ist anzumerken, dass bei dieser Aufzählung Nennungen von beispielsweise Münchner Nobeldiskotheken wie dem *P1in* oder dem *Traxx* sogar noch außen vor gelassen wurden, ansonsten wäre die Zahl um ein wesentliches höher anzusiedeln. Der Sachverhalt kann an nachfolgender Textstelle aus *Faserland* anschaulich nachvollzogen werden und erklärt, warum der Vorwurf des Markenfetischismus einer der meist verwendeten Kritik- bzw. Angriffspunkte des Feuilletons hinsichtlich der *Popliteratur* darstellt:

> „Karin ist mit dem dunkelblauen S-Klasse *Mercedes* ihres Bruders hier, der in Frankfurt Warentermingeschäfte macht. […] Jetzt erzählt sie von *Gaultier* und daß der nichts mehr auf die Reihe kriegt, designmäßig und daß sie Christian *Lacroix* viel besser findet, weil der so unglaubliche Farben verwendet oder so. […] Sie sagt ja, und ich trinke mein Bier aus, obwohl mir *Jever* eigentlich gar nicht schmeckt, und wir laufen zu ihrem Auto, da ich gerade keine Lust habe, in meinem engen *Triumph* zu sitzen."[134]

Zudem stellte das inhaltliche Merkmal der Markensemantik ein Novum in der deutschen Literatur dar. Bisher war Theodor FONTANE bis dahin der einzige deutsche Autor von Rang, der diesen Inhalt noch ganz unbefangen in seinen Werken verarbeitete.[135] FONTANE wirkte literarisch ab 1849. In diesem Jahr entschloss er sich, den Apothekerberuf völlig aufzugeben und als freier Schriftsteller weiterzuarbeiten. Zunächst entstanden lediglich politische Texte in der radikal-demokratischen Dresdner Zeitung, auf die eine Vielzahl an weiteren Werken bis zu seinem Tod 1867 folgten.[136] Kennzeichnenderweise wurde er zunächst auch nur als Feuilletonist und nicht als ernst zu nehmender Romanautor wahrgenommen. Vorher lassen sich kaum Belegstellen für die Verwendung von Markennamen in der Literatur finden, im Gegensatz dazu existieren eher Strategien, die der Vermeidung von Markennamen dienen.

---

[132] ILLIES (2003), S.253.
[133] Vgl. GRABIENSKI (2001)`Christian Krachts Faserland`, S.7.
[134] KRACHT (1997), S.10f.
[135] Vgl. BAßLER (2002), S.161.
[136] Vgl. BERBIG (2000), S.61f.

3.3 Popmusik

Als ebenfalls sehr bedeutendes und typisches Merkmal der Gattung ist die enge Verbundenheit zur Popmusik zu nennen. Man könnte nun annehmen, Popliteratur handelt ausschließlich von Erzählungen aus dem Leben von Musikern, doch die Verbindung ist wesentlich vielschichtiger und geht über eine inhaltliche Thematisierung hinaus. Die Popmusik als auch die *Popliteratur* weisen viele übereinstimmende Charakteristika auf. Hinter beiden Produkten ist dieselbe Haltung zu finden. Beide werden als ein gängiges Mainstreamprodukt verstanden, das für einen möglichst großen kommerziellen Erfolg bei einem Massepublikum konzipiert wurde.[137] Um mit der Begrifflichkeit zu experimentieren, könnte man sie beide als „pop-ulär" bezeichnen. Diese Mainstream-Tauglichkeit impliziert ein leichtes, nicht zu experimentelles und somit mehrheitsfähiges Produkt. Beide Produkte leben im Endeffekt von Provokation, Schock, Subversion, Rebellion und subkultureller Erneuerung, die auf gesellschaftliche Erneuerungen reagiert oder diese hervorruft.[138]

---

[137] Vgl. PAULOKAT (2006), S. 47.
[138] PAULOKAT (2006), S. 47.

4 Stilistische Merkmale der Neuen Deutschen Popliteratur

Um den Stil der *Popliteratur* nachvollziehen zu können, muss man sich darüber bewusst sein, dass eine Literatur vorliegt, die in ihrer Struktur selbst Pop ist und sich nicht nur auf die Abbildung der Pop-Phänomene beschränkt.[139] Dies impliziert, dass ihre Prätexte aus der Popkultur, Popmusik oder auch aus der Werbung und verschiedenen Fernsehformaten stammen. Aus diesen übernehmen die Verfasser Stilmittel wie z.B. Dialoge mit schnellen Sprecherwechseln, schnelle Schnitte sowie häufige perspektivische Wechsel. Grundsätzlich wird eine einfache Sprache mit vielen inneren Monologen und kurzen Sätzen bevorzugt. Hauptsächlich wird in einer kurzen Romanform verfasst. Das angewendete Schreibverfahren wird folgendermaßen umschrieben:

> „Man findet häufig „mimetisch[e], neorealistisch[e] Schreibverfahren", also Verfahren, die nicht an Abstraktion und Selbstreferentialität orientiert sind, sondern sich durch eine Gegenständlichkeit und eine medial gebrochene Darstellung von vertrauten Gegenständen und Wirklichkeitsmomenten auszeichnen."[140]

Wie bereits im Abschnitt „Inhaltliche Merkmale" angemerkt, findet in der *Popliteratur* häufig eine Hinwendung zum Alltag statt. Dies spiegelt sich auch in der genutzten Sprache und in der Ausdruckweise wider. So stößt der Leser des Öfteren auf einen sehr jugendlichen Sprachstil, den man ebenfalls als Werbungs-, Medien-, Szene-, oder Umgangssprache bezeichnen kann. Als Schreibstrategie wird in diesem Zusammenhang häufig versucht, Oralität schriftlich wiederzugeben. WINKELS (1999) definiert diese Strategie treffend:

> In der literarischen Darstellung handelt es sich bei sekundärer Mündlichkeit um eine Art Medienwechsel, in welchem das „strukturelle Muster anderer Medien" in das Medium der Literatur transformiert wird. Sekundäre Oralität kann im Kontext der Literatur als literalisierte Mündlichkeit bezeichnet werden.[141]

Der angewendete Stil lässt sich mit den Attributen ironisch, oftmals witzig, aber teilweise auch als zynisch beschreiben und wird beim Leser in der Regel als gut lesbar empfunden. Zudem nutzen einige Verfasser Neologismen und Sprachspielereien, die zu Wortwitz und Situationskomik führen, wie man sie aus Comics kennt.[142] Die Selbstironie ist beispielsweise ein häufig genutztes stilistisches Mittel, dass der Identitätskonstruktion des Erzählers dient. Der Erzähler steht nämlich vor demselben Problem, dem eigentlich auch alle Jugendlichen bzw. jungen Erwachsenen gegenüber stehen: Einerseits will man sich abgrenzen und seine individuelle Persönlichkeit in den Vordergrund stellen, andererseits wird aber auch das Ziel

---

[139] Vgl. auch Abschnitt 3.3 „Popmusik".
[140] KAULEN (2002). S. 214.
[141] WINKELS (1999), S.196.

verfolgt, sich nicht vollständig von der Gruppe zu isolieren. Genauso verhält es sich mit den meisten *popliterarischen* Erzählern, sie wollen nicht Teil einer Gesellschaft sein, die sie größtenteils verachten, können aber auch nicht ihr Leben in völliger Isolation verbringen. Seine enge Verbindung und sein Eingebunden sein in die Popkultur erweist sich bei diesem Dilemma nicht gerade als hilfreich. Somit muss sich der Erzähler also als Individualist unter Massen seinesgleichen[143] behaupten. Damit er der Anforderung, sich von anderen abheben zu können, nachkommen kann, greift er zu dem erzähltechnischen Mittel der Ironie. Über das stilbildende Mittel der Ironie kann er sich über sein eigenes Schaffen erheben und so „das freie Bewusstsein gewinnen, das um die Grenzen des Bedingten weiß und sie in immer neuer Bewegung überschreitet."[144] Zu Zeiten der Romantik drückte der Künstler mit der Anwendung des selbstironischen Mittels aus, dass er um die Endlichkeit bzw. um die Beschränktheit seines Werkes in Anbetracht des Unendlichen Bescheid weiß.[145] Heutzutage bietet die Anwendung der Selbstironie dem Autor die Möglichkeit, den eigens formulierten Standpunkt zu verschleiern bzw. diesen als gar keinen erscheinen zu lassen. Sie bietet ihm sogar die bequeme Lösung an, gegen den formulierten Standpunkt zu sein und resultiert deswegen in einem diffus erscheinenden Charakter des Erzählers, der eine psychologische Analyse von außen massiv erschwert. In letzter Konsequenz bietet er eventuellen Kritikern somit weniger Angriffsfläche, da die ironische Verfremdung die Beschreibungen des Autors als sehr allgemein erscheinen lässt. JUNG ist aufgrund dessen auch der Meinung, dass er „sich zwar in der Gesellschaft bewegt, aber nur im Sinne eines öffentlichen Raumes, in dem zwar Individualität markiert, aber keine Privatheit kenntlich gemacht wird."[146] Zudem erscheint die Ironie ebenfalls als eine geeignete Darstellungsmöglichkeit, „dem Gefälle zwischen einem trivialen Alltag […] und dem dennoch krass ausgelebten Schmerz des Unglücklichen"[147] gerecht zu werden. Anders ausgedrückt, dient das Stilmittel der Ironie in diesem Zusammenhang als Ventil für den Schmerz und erlaubt es dem Erzähler, eine passende und exakte Formulierung für die große Diskrepanz und die Unvereinbarkeit der beiden oben angesprochenen Welten zu finden und diese Gegensätze überhaupt ausdrücken zu können.

---

[142] Vgl. PAULOKAT (2006), S.87.
[143] JUNG (2002), S.153.
[144] STROHSCHEIDER-KOHRS (1967), S.86.
[145] Vgl. MEHRFORT (2009), S.162.
[146] Vgl. Jung (2002), S.144.
[147] RUTSCHKY (2003), S.112.

5 Analyse: Feuchtgebiete – ein popliterarisches Werk?

Im Folgenden wird bewertet, inwiefern Charlotte ROCHES Werk *Feuchtgebiete* in die Literaturströmung *Popliteratur* eingeordnet werden kann. Da der spezifische Prozess des literarischen Wertens verschiedene Aspekte beinhaltet, werden diese nun im weiteren Verlauf chronologisch abgehandelt. An erster Stelle wird die Produktion des Werkes untersucht. Hier wird darauf eingegangen, wie ROCHE ihr Werk formal gestaltet hat und in welcher Art und Weise ihre Charaktere handeln. Nachfolgend wird analysiert, wie bei der Distribution des Werkes vorgegangen wurde. Diese Analyse zeigt die Prozesse auf, die das Werk der Öffentlichkeit und dem Rezipienten näherbringen sollen und legt im Folgenden die „Vermarktungsstrategie" offen. Ziel ist es, die Tätigkeiten des Autors und des Verlages, aber auch das Feedback, beispielsweise von Literaturkritikern, transparent zu machen.

5.1 Produktion

Die Analyse der Werksproduktion wird im Folgenden kleinschrittig durchgeführt. Hierbei wird chronologisch auf die Handlung, die Erzählposition, die stilistische Sprachwahl und den Inhalt eingegangen.

5.1.1 Handlung

Die 18-Jährige Helen Memel liegt nach einer missglückten Intimrasur, die zu einer Analfissur führte, auf der Inneren Abteilung des Krankenhauses Maria Hilf. Sie soll hier aufgrund der entstandenen Verletzung sowie ihrer Hämorrhoiden operiert werden. Der Krankenhausaufenthalt stellt im Endeffekt ein geplantes Projekt Helens dar. Sie hat den Hintergedanken, ihre geschiedenen Eltern durch ein Zusammentreffen im Krankenhaus wieder zusammenzubringen. Da dieses Vorhaben zunächst scheitert, versucht sie, den Aufenthalt durch eine selbst zugefügte Verletzung zu verlängern. Im Laufe der Erzählung schildert die Protagonistin ihre bisherigen sexuellen Erfahrungen, ihre Einstellung zu den verschiedensten Körperflüssigkeiten und welche Selbstbefriedigungspraktiken sie bevorzugt. Der Leser erfährt zudem von einem massiv gestörten Verhältnis der Protagonistin zu ihrer Mutter, das sich bisher in einem nichtenden- wollenden Mutter-Tochter-Kampf niedergeschlagen hat. Die gravierende Ursache für diese Situation tritt im weiteren Verlauf zu Tage: Die Mutter hat vor Jahren einen Selbstmordversuch zusammen mit Helens jüngerem Bruder unternommen. Im Krankenhaus findet Helen zunehmend Gefallen an Robin, einem Krankenpfleger. Dieser interessiert sich als Einziger für ihre Extravaganzen und geht tiefgründiger auf sie ein. Nachdem Helen das Krankenhaus verlassen hat, bricht sie mit ihrer Mutter in Form einer sehr speziellen Botschaft und zieht zu Robin.

5.1.2 Erzählposition

Die Erzählposition ist ein innerer Monolog. Helen erzählt ihre Geschichte sehr subjektiv und stringent. Das Selbstgespräch zeigt sich in den Situationen besonders ausschweifend, in denen Helen sich langweilt oder von ihren Schmerzen ablenken will:

> „Die Tabletten wirken noch nicht. Ich bin angespannt und müde. Schmerzen sind vielleicht mal was Anstrengendes. Es ist sehr schwer, in einem Krankenhaus Leute an sich zu binden. Ich habe das Gefühl, die wollen hier alle schnell raus. [...] Wo ist Robin? Ich höre ihn im Duschzimmer rumoren. Kann es sein, dass er sich Sorgen um mich macht? Ich habe schon einige starke Mittel intus, vielleicht muss er von offizieller Seite auf mich aufpassen. Könnte doch sein. [...]Robin kommt wieder an mein Bett."[148]

Die inneren Monologe erstrecken sich teilweise über drei Seiten und zeigen, wie mitteilungsbedürftig aber auch wie überdurchschnittlich redegewandt Helen ist.

5.1.3 Sprachwahl

Die von ROCHE angewendete Erzählweise kann als jugendlicher Sprachstil bezeichnet werden. Sie lässt Helen reden, wie es ihr gerade in den Sinn kommt:

> „Außerdem habe ich schon viele Jahre...trotz eines wuchernden Blumenkohls sehr erfolgreich Analverkehr. Sehr erfolgreich heißt für mich: kommen, obwohl der Schwanz nur in meinem Arsch steckt und sonst nix berührt wird."[149]

Der bereits in Abschnitt 2.6 thematisierte Einfluss der Medien auf den verwendeten Sprachstil wird bei ROCHE ebenfalls deutlich. Die Erzählweise erinnert an ein modernes Internet-Tagebuch und entspricht den modernen Öffentlichkeits- und Informationsgebräuchen, was anhand detaillierter Tages- und Zeitangaben sowie durch die Anordnung der Textabschnitte gekennzeichnet ist:

> „Heute habe ich sehr gute Laune, ich glaube weil ich so gut geschlafen habe. Das nächste Problem: zum Klo gehen. Ich lege mich bäuchlings aufs Bett und lasse langsam die Beine runterrutschen".[150] [...]
> „Drei Meter. Viele Minuten, um über was Schönes nachdenken zu können. Dieser Geruch von verdünnter Wasserschwitzkacke kommt mir bekannt vor.[151] [...]
> „Erst schraube ich im Badezimmer meinen Freund, den Duschkopf ab, wo dann das Gewinde genau drauf passt. Ich finde es sehr gut, dass bei uns alles genormt ist. Jetzt geht es an die Enddarmreinigung."[152][...]
> „Nun stelle ich das Wasser ab und hocke mich wie zum Pinkeln in die Dusche."[153]

---

[148] ROCHE (2008), S.195f.
[149] ROCHE (2008), S.8f.
[150] ROCHE (2008), S.89.
[151] Ebd.
[152] ROCHE (2008), S.90.
[153] ROCHE (2008), S.91.

5.1.4 Inhaltliches

Fokussiert man sich auf typische Themen der *Popliteratur* und analysiert, ob diese ebenfalls in *Feuchtgebiete* vorkommen, findet man einige Überschneidungen. Grundsätzlich hat der Leser es bei *Feuchtgebiete* ebenfalls mit einem Hauptprotagonisten zu tun, der sich in der Adoleszenz befindet und sich auch so verhält. Da ROCHES Werk angeblich zu 70 % autobiografisch ist[154], kann ebenfalls behauptet werden, dass auch sie über ihre Jugend und Adoleszenz berichtet – und zwar als Betroffene. Es gibt einige weitere charakteristische Leitthemen der Popströmung, die im vorliegenden Werk Anwendung finden. U.a. wird hier ebenfalls detaillierter auf Drogenkonsum, zwischenmenschliche Kommunikationsprobleme, Sex bzw. Sexualpraktiken und Liebe eingegangen. Folgende exemplarische Passagen gehen in provokanter Art und Weise auf das Leitmotiv Drogen ein:

> Unser Ziel war es, so viele Drogen wie möglich zu schlucken, bevor die ersten zu wirken anfingen[...].
> Wahrscheinlich fing alles langsam zu wirken an. Ich kann mich nur noch an Highlights erinnern.[155][...]

Es entsteht der Eindruck, dass Helens Drogenkonsum und ihre Familienprobleme eng miteinander verzahnt sind. Dies wird daran deutlich, dass Helen von ihrem massiven Drogenmissbrauch direkt zu ihrem Familientrauma überleitet und somit diese Verknüpfung aufzeigt:

> An solchen Tagen sterben, glaub ich, viele Gehirnzellen. Und bei mir sind diese und ähnliche Partys ganz eindeutig aufs Gedächtnis gegangen. Es gibt noch eine Erinnerung, von der ich mir nicht sicher bin, ob sie eine Erinnerung ist. [...]
> Ich gehe in die Küche, und da liegen Mama und mein kleiner Bruder auf dem Boden. Hand in Hand. Sie schlafen [...][156]

Das Thema Liebe wird durch die Beziehung Helens zu Robin thematisiert. Zwischenmenschliche Kommunikationsprobleme werden in *Feuchtgebiete* ebenfalls angesprochen. Helen schafft es nicht, ihre Konflikte über ein Gespräch zu lösen und setzt stattdessen ihren Körper als Waffe ein. Sie übt Gewalt aus, aber nicht gegen andere, sondern gegen sich selbst. Letztendlich sind die diversen Selbstverstümmelungen Helens (Koma-Saufen, Drogenmissbrauch, Selbstverletzung im Krankenhaus) ihre Methode, sich mitzuteilen und zu kommunizieren.

5.2 Distribution

Bei der Distribution des Werkes wurde ausgesprochen zielgerichtet eine möglichst hohe mediale Präsenz der Autorin angestrebt. ROCHE äußerte sich sehr freizügig in diversen Talkshows zu ihrem Buch. Wie vermutet, wurden von ihr die Tabubrüche in der NDR-Talkshow

---

[154] Vgl. ROCHE (2011)`NDR-Talkshow`.
[155] ROCHE (2008), S.62f.

bejaht. Die angewendete Strategie kann man als eine Mischung aus Provokation, dem Brechen der letzten Tabubereiche und einem Spiel mit dem Ekel beschreiben. Es ist nicht abzustreiten, dass diese Vorgehensweise beträchtlichen Erfolg hatte – die erzielte Popularität und die Verkaufszahlen sprechen für sich. Beachtenswert ist, dass Charlotte ROCHE es geschafft hat, einen Tabubruch in einer ohnehin schon sehr sexualisierten und pornographischen Gesellschaft, in der sich jeder problemlos über das Internet entsprechende Bilder ins Wohnzimmer kommen lassen kann, zu erzielen. Drogenbekenntnisse von ROCHE sowie Ratschläge bezüglich „ungefährlicherer" Substanzen wie Ecstasy: „wenig Nebenwirkungen, große Glücksgefühle"[157], waren bestimmt ebenfalls kein Zufall und haben die Popularität des Romans und der Verfasserin weiter angekurbelt. Das Werk *Feuchtgebiete* polarisierte die Literaturkritiker. Einerseits wurde das Debüt-Manuskript für seine „Radikalität" und gleichsame „Zartheit" (Roger WILLEMSEN) sowie für sein Ankämpfen gegen die Konventionen des perfekten Frauenkörpers[158] gelobt. Andererseits wurde es von den Kritikern zerrissen. Rainer MORITZ ist der Meinung, dass *Feuchtgebiete* außer Schockvokabular nicht viel zu bieten hat und erzählerisch und stilistisch eher dürftig rüberkommt.[159] Einige konnten den Roman nicht wirklich einordnen und wussten nicht, wozu sie gebeten worden waren. Renate ULLRICH stellt sich z.B. die Frage, inwiefern die Handlung eine Rolle spielt und ob sie überhaupt ernst zu nehmen ist.[160] Das Buch wurde zudem 2009 von Christina FRIEDRICH am Neuen Theater Halle in Szene gesetzt und soll verfilmt werden.[161] Zusammenfassend ist zu sagen, dass die Distribution des Romans äußerst erfolgreich war und sein Ziel erreicht hat. Der *DuMont* Verlag hat zwischen Februar und Juli 2008 fünfzehn Auflagen von *Feuchtgebiete* gedruckt.[162] Diese Zahlen zeigen deutlich die Popularität des Bestsellers und sprechen für sich.

5.3 Fazit Feuchtgebiete

Im Folgenden soll auf die Zuordnung von *Feuchtgebiete* eingegangen werden. Die nachfolgende Zuordnung basiert argumentativ ausschließlich auf der Analyse des Werkes. Die Fragestellung, ob die *Popliteratur* 2001 ihr offizielles Ende gefunden hat und ob aufgrund dessen Charlotte ROCHE der Status einer Popliteratin nicht zu Teil werden kann, wird im Abschnitt 7 abschließend untersucht. Da das vorliegende Werk popliteraturtypische formalsprachliche

---

[156] Ebd.
[157] CLAUß (2009) `Was macht glücklich... `
[158] STRACKE (2008) `Gegen alle Tabus`
[159] Vgl. MORITZ (2008) `
[160] Vgl. ULLRICH (2009), S. 454.
[161] HEINEMANN (2010) `ZDF will Skandal-Buch verfilmen`
[162] SIMON (2008), S. 179.

sowie inhaltliche Merkmale aufweist, kann die anfangs gestellte Fragestellung meiner Ansicht nach vorab mit ja beantwortet werden. *Feuchtgebiete* kann der *Popliteratur* zugeordnet werden. Sehr auffällig ist die Parallele in der Vorgehensweise der Distribution. Die gesamte Vermarktungsstrategie erinnert stark an die „Autoren als Popstars" in den 90er-Jahren, da auch hier ein möglichst großer kommerzieller Erfolg bei einem Massepublikum konzipiert wurde. Charlotte ROCHES *Feuchtgebieten* kann somit ebenfalls das Attribut „*pop*-ulär" verliehen werden, impliziert doch die Mainstream-Tauglichkeit ihres Werkes ein leichtes, nicht zu experimentelles und somit mehrheitsfähiges Produkt. Außerdem lebt ihr Werk von Provokation, Schock, Subversion und letztendlich auch von Rebellion. Alle genannten Wirkungen lassen sich in der *Popliteratur* ebenfalls finden bzw. werden sie auch hier angestrebt. Die Erzählposition als auch die Wahl der Sprache können als weitere übereinstimmende Merkmale und somit als Begründung für eine Zuordnung zur *Popliteratur* genannt werden, denn die aus der *Popliteratur* bekannte einfache Sprache mit vielen inneren Monologen und kurzen Sätzen lässt sich bei *Feuchtgebiete* ebenfalls feststellen. Zudem verfasst auch Charlotte ROCHE in einer kurzen Romanform. Hinzu kommen deutliche Überschneidungen bei den Leitmotiven bzw. Leitthemen, z.B. Drogenkonsum, zwischenmenschliche Kommunikationsprobleme, Sex, Liebe sowie Perspektiv- und Orientierungslosigkeit. Letztendlich steht die mit 32 Jahren noch relativ junge Autorin, die nach eigener Aussage teilweise autobiographisch über ihre adoleszenten Erlebnisse berichtet, letztendlich für eine Überschneidung bezüglich der Adoleszenzthematik.

6 Analyse: Schoßgebete – ein popliterarisches Werk?

Vorliegender Abschnitt untersucht, inwiefern das zweite von Charlotte ROCHES publizierte Werk in die Literaturströmung *Popliteratur* eingeordnet werden kann bzw. inwiefern es popliteraturtypische formalsprachliche sowie inhaltliche Merkmale aufweist. Es trägt den Titel *Schoßgebete* und wurde im Jahr 2011 veröffentlicht. Der strukturelle Aufbau der nachfolgenden Werksanalyse ist mit der obigen Analyse der *Feuchtgebiete* identisch und erörtert gleichermaßen, ob und unter welchen Umständen *Schoßgebete* als ein *popliterarisches* Werk bezeichnet werden kann. Im Folgenden werden ebenfalls alle relevanten Aspekte des literarischen Wertens chronologisch abgehandelt, beginnend bei der Produktion des Werkes. Hier wird darauf eingegangen, wie Charlotte ROCHE es formal gestaltet hat und in welcher Art und Weise ihre Charaktere handeln. Anschließend wird die Art und Weise der Distribution des Werkes erörtert und die Prozesse aufgezeigt, die es der Öffentlichkeit näherbringen sollen. Vorliegende Werksanalyse verfolgt, wie bereits die vorangegangene, das Ziel, eine eventuelle „Vermarktungsstrategie" nachzuvollziehen und sie offenzulegen. Intention ist es, die Tätigkeiten des Autors und des Verlages, aber auch das mediale sowie literarische Feedback, beispielsweise von Literaturkritikern, transparent zu machen.

6.1 Produktion

Die sich nun anschließende Werksanalyse geht chronologisch auf die Handlung, die Erzählposition, die stilistische Sprachwahl sowie auf die Distribution ein.

6.1.1 Handlung

Charlotte ROCHES *Schoßgebete* handelt von der 33-jährigen Elisabeth Kiehl. Sie ist mit dem gut situierten Galeristen Georg Kiel verheiratet, der so alt ist wie ihr Vater. Die beiden lernten sich vor sieben Jahren kennen, als Georg ihre Fotos in seiner Galerie ausstellen wollte. Zu diesem Zeitpunkt war die Noch-Ehefrau Georgs hochschwanger und Elisabeth hatte gerade ihr erstes Kind namens Liza („Elisabeth junior") geboren. Liza ist zum Zeitpunkt der Handlung sieben Jahre alt und somit nur ein klein wenig älter als Georgs Sohn Max, der bei seiner Mutter lebt. Elisabeth, Liza und Georg wohnen zusammen im Erdgeschoss eines Vier-Parteien-Hauses. Die Protagonistin hatte bereits vor der jetzigen Beziehung eine sehr schwierige und verwobene familiäre Situation zu bewältigen. Als sie fünf und ihr Bruder Harry vier Jahre alt waren, verließ die Mutter, die ebenfalls den Namen Elizabeth ("Elli") trägt, ihren Mann. Der Vater heiratete kurz darauf erneut, was sofort in einer angespannten und verhassten Beziehung zwischen der Protagonistin und der neuen Stiefmutter mündete. Anschließend musste Elisabeth eine Zeit ständig wechselnder Stiefväter durchleben, die ihr drei Stiefgeschwister namens Emily, Lukas und Paul bescherten. Im Alter von neunundzwanzig Jahren bricht Elizabeth den Kontakt zu ihrem Vater und der Stiefmutter vollständig ab. Aufgrund ihrer Negativerfahrungen und weil sie gewillt ist, ihrer Tochter eine harmonischere familiäre Situation zu bieten, erlaubt sie ihr, weiterhin den Kontakt zu ihren Großeltern zu pflegen. Bevor die Beziehung mit dem Galeristen Georg zu Stande gekommen ist, wollte Elisabeth ihre damalige große Liebe Stefan heiraten. Zu diesem Zweck war bereits eine große und pompöse Hochzeit in London geplant, zu der sämtliche Familienmitglieder eingeladen waren. Das Event sollte in London stattfinden, da Elisabeth mütterlicherseits aus einer englischen Familie stammt. Auf dem Hinweg verunglücken jedoch die Mutter der Protagonistin („Elli"), ihre Halbbrüder Harry, Lukas und Paul sowie die Freundin von Harry, namens Rhea bei einem Massenzusammenstoß auf der Autobahn. Bei diesem Unglück verliert die Mutter ihre Beine und die drei Halbgeschwister sterben. Elisabeth macht sich von nun an Vorwürfe, an der Tragödie Schuld zu sein, da die fünf nur mit dem Auto gefahren sind, um ihr Hochzeitskleid unbeschadet nach London zu eskortieren. Die Hochzeit wird aufgrund des Unfalls abgesagt. An diese ist nun nicht mehr zu denken, da die Protagonistin den verheerenden Unfall damit assoziiert. Seit dem Unglück geht Elizabeth nun dreimal pro Woche zu ihrer Psychotherapeutin und leidet unter verschiedenen Angst- und Zwangsneurosen, sowie an einer Essstörung. Abschalten kann Elizabeth nun nur noch beim Sex. Dabei hatte ihre Mutter immer versucht, sie zu einem asexuellen Wesen zu erziehen und behauptet, Geschlechtsverkehr sei etwas Schlechtes. Von nun an thematisiert der Roman den durch das Unglück eingetretenen psychischen Schock, Schmerzen, Lust und Mitleid. Da Elisabeth sich in vorliegendem Roman ebenfalls der Zudringlichkeit der Boulevardmedien ausgesetzt sieht, die ihr schlimmes Schicksal absolut empathielos und kommerziell vermarkten wollen, spielen außerdem ihre Rachephantasien und Selbstmordpläne eine große Rolle.

6.1.2 Erzählposition

Die Erzählposition in *Schoßgebete* ist mit der in *popliterarischen* Werken vorkommenden typischen Erzählperspektive vergleichbar, tritt in ihnen der Hauptprotagonist doch meist aus der personalen Sicht eines Ich-Erzählers auf, in dessen Rolle er teilweise komische, absurde, aber manchmal auch tragische Geschichten erlebt. In *Schoßgebete* erlebt die Protagonistin eine tragische Geschichte, die ebenfalls durch komische Elemente gekennzeichnet ist und die in Form eines Monologes vorgetragen wird. Sie findet ebenfalls aus der subjektiven Sichtweise der Protagonistin statt. Der Rezipient erhält nämlich seine Informationen in Form einer

Rollenprosa, die ausschließlich aus der Perspektive der als zwanghaft zu charakterisierenden Sprecherin Elisabeth stammt. Besonders deutlich und ausschweifend wird die angewendete Erzählperspektive des Monologes in den Situationen, in denen die Protagonistin die intimen Details ihres Sexuallebens schildert:

> „Ich drücke fester auf den Sack und massiere den Schwellkörper dahinter. Damit auch ich etwas davon habe, reibe ich meine Vagina an seinem Knie. […] Ich lecke ihn komplett feucht und atme darauf, damit er an den feuchten Stellen die Kühle spürt. Vom Schaft drücke ich meine Zunge runter zu den Eiern. Ich sauge beide Eier in den Mund und spiele mit ihnen rum. Ich habe gelernt, dass ich darauf achten muss, dass sich die Hodenleiter nicht verdrehen. Hab ich schon mal gemacht bei ihm, hat ihm sehr weh getan!"[163]

Gleich zu Beginn des Werkes erstreckt sich dieser Monolog über vierzehn Seiten und dient dazu, die Relevanz ihrer Sexualität für ihr Leben auszudrücken. Hier fungiert die Sexualität als Erklärungsmuster für das Vorhergegangene in Form des tragischen Familienunglückes und für die nachfolgende Handlung, die durch das große Ziel der Protagonistin geprägt ist, unter allen Umständen mit ihrem Ehemann zusammenzubleiben und ihrer Tochter eine bessere Mutter zu sein als Elizabeth es für sie war.

6.1.3 Sprachwahl

Die von ROCHE verwendete Sprache kann als Umgangssprache bezeichnet werden, die sich durch ein hohes Maß an Präzision und Anschaulichkeit auszeichnet. Aufgrund des prägnanten Charakters der Sprache schafft es die Autorin, absolut konträre Zustände und Situationen zu beschreiben, die von Sensibilität bis Brutalität alles abdecken. Nachfolgende Textpassage zeigt die thematisierte Präzision und letztendlich die empathische Sensibilität, die im Zusammenhang mit der Sexualität zwischen ihr und ihrem Ehemann deutlich wird:

> „Ich habe aber mal meinen Mann als wir zusammenkamen, darum gebeten, sich selbst zu befriedigen. Wenn man frisch zusammen ist, macht man ja noch so lustige Sachen. Und hab mir dann davon ganz viel abgeguckt. Im Laufe der Zeit habe ich dann festgestellt, je näher ich mit meinen Händen und Füßen seiner Selbstbefriedigung komme, umso besser für ihn. Gegen jahrzehntelange Sexsozialisation kommt man mit eigenen Ideen nicht an. Also besteht meine Herausforderung darin, so nah wie möglich an seine Selbstbefriedigung zu kommen, mit mehr Mitteln natürlich. Er kann nur die Hand einsetzen. Ich: Zunge, Mund und und und. Wenn ich mit der Hand weitermache, hebe ich den Sack an in Richtung Schwanz, während ich mit der anderen Hand in Richtung Eichel reibe. Sodass er das Gefühl hat, dass ich alles fest umschlossen habe."[164]

Exemplarisch wird die angesprochene Brutalität deutlich, als ROCHE den Unfall der Familienmitglieder auf dem Hinweg zur Hochzeit sehr prägnant und drastisch schildert:

---

[163] ROCHE (2011), S.9.
[164] ROCHE (2011), S.11.

„Stille. Lange. Als Erste wacht die Freundin meines Bruders auf. Rhea lebt. Die Airbags liegen auf dem Armaturenbrett. Sie guckt nicht nach links. Sie sitzt einfach da. Sie hört nichts. Stille. Rauschen im Kopf. Alles in Zeitlupe. Sie macht ihre Türe auf und will aussteigen. Sie bricht zusammen. Sie kann nicht stehen, weil ihre Beine zertrümmert sind. Sie liegt auf dem Boden neben dem Auto und robbt sich wie die kranken Gorillas im Nebel aus dem Film, den wir viel zu jung gucken mussten, damit wir Tierforscher oder wenigstens Umweltschützer, mehrere Meter weit vom Auto weg."[165][...]
„Er kann sie nicht anders tragen. Sie ist ihm zu schwer. Der Tank des unfallverursachenden LKWs ist ausgelaufen, Hunderte Liter Benzin glänzen jetzt in einer riesigen Pfütze unter all den zerstörten Autos. Sie haben angefangen zu brennen, weil es Kurzschlüsse gab aus den umgerissenen belgischen Straßenlaternen in der Mitte der Fahrbahn. Der LKW-Fahrer schleift meine Mutter wie einen Sack durch die Flammen am Boden. Alles brennt. Überall Qualm und Gestank und Schreie und Tod. Dann legt er sie neben all die anderen Verletzten und Sterbenden. Sie sagt ganz langsam zu ihm: „Meine Kinder sind noch im Auto." Er läuft los, um sie zu holen. Dann fliegt alles vor ihm in die Luft. Eine riesige Explosion. Sie weiß, sie hat ihre Kinder verloren."[166]

6.1.4 Inhaltliches und Stilistisches

Die inhaltlichen sowie die stilistischen Merkmale des Werkes werden zusammen in einem Abschnitt analysiert, da der Inhalt in den meisten Beispielen durch den Einsatz bestimmter stilistischer Methoden gestützt wird bzw. hier ein direkter Zusammenhang besteht. Die Analyse greift im Folgenden zuerst inhaltliche Merkmale auf. In *Schoßgebete* werden, wie bereits auch in *Feuchtgebiete,* mehrere Themenbereiche aufgegriffen, die ebenfalls Leitthemen der *Popliteratur* darstellen. Die Überschneidungen in vorliegendem Werk lassen sich bei den Inhalten Sexualität, Liebe, Liebesverlust, Tragik, Komik, Identitätsfindung, Orientierungslosigkeit sowie in der Angst und der Entfremdung vom eigenen Lebenspartner finden. In vorliegendem Werk stehen die meisten der Themenbereiche in einer engen Verbindung bzw. in einer Wechselwirkung zueinander. So existiert beispielsweise ein deutlicher Zusammenhang zwischen der Sexualität der Protagonistin und den inhaltlichen Merkmalen der Orientierungslosigkeit und der Identitätsfindung. In Bezug auf die Protagonistin Elisabeth kann aufgrund der Erziehung durch ihre Mutter eher von einer gestörten Sexualität die Rede sein, verändert sie doch in den entsprechenden erotischen Momenten komplett ihre Persönlichkeit, um sich von dem asexuellen Wesen abspalten zu können, zu dem ihre Mutter sie erziehen wollte. Dieser Vorgang impliziert die vorher bei der Protagonistin vorherrschende Orientierungslosigkeit in Bezug auf ihre Sexualität, die durch ein Hin- und Hergerissensein zwischen ihrer eigenen Lust und der feministischen Erziehung ihrer Mutter ausgelöst wurde:

„Ab hier betrüge ich meine männerhassende Mutter. Die hat mir versucht beizubringen, dass Sex etwas Schlechtes ist. Hat bei mir aber nicht gewirkt. Tief einatmen und ausat-

---
[165] ROCHE (2011), S.142f.
[166] ROCHE (2011), S.143f.

men. Das ist der einzige Moment am Tag, wo ich richtig durchatme. Sonst hab ich nur flache Schnappatmung. Immer auf der Lauer, immer kontrolliert, immer aufs Schlimmste gefasst. Beim Sex verändere ich komplett meine Persönlichkeit. Meine Therapeutin Frau Drescher meint, ich würde mich bewusst abspalten, weil meine feministische Mutter mich zum asexuellen Wesen erziehen wollte. Und nur um sie nicht zu verraten, würde ich im Bett ein anderer werden. Das funktioniert sehr gut. Dann bin ich völlig frei. Mir ist nichts peinlich. Die Geilheit auf zwei Beinen."[167]

Angesprochener Wechsel in der Persönlichkeit Elisabeths zeigt zudem deutlich das inhaltliche Merkmal der Identitätsfindung und stellt eine kompensatorische Maßnahme dar, um ein möglichst ausgeglichenes und normales Sexualleben führen zu können. Dass Sexualität sowie die Schilderung spezifischer Sexualpraktiken einen gewichtigen Anteil am Inhalt des Werkes haben, wird ebenfalls an den Textpassagen deutlich, die in den vorangegangen Abschnitten Erzählposition und Sprachwahl bereits aufgeführt wurden. Diese könnten auch in vorliegendem Abschnitt nochmals exemplarisch verwendet werden. Ein weiterer primärer Inhalt des Werkes ist das Merkmal der Tragik, die in einem engen Zusammenhang mit den Themen Angst, Liebesverlust sowie der Entfremdung vom eigenen Partner steht und beim Rezipienten die Wirkungen Furcht und Mitleid erzeugt. Sie wird insbesondere deutlich, als die Protagonistin bei einem Autounfall einige ihrer Familienmitglieder verliert und aufgrund dessen in letztendlicher Konsequenz auch ihre erste Liebe aufgeben muss, die sie eigentlich heiraten wollte. Erste Anzeichen für diese tragische Entwicklung gibt es, als Elisabeth das Krankenzimmer ihrer schwer verletzten Mutter mit ihrem angedachten zukünftigen Ehemann verlässt:

„Zum Glück musste ich noch nicht in Mutters Haus. Da sind jetzt drei Kinderzimmer leer. Für immer. Da müssen dann wohl alle Verwandten schlafen, die jetzt aus England eintrudeln, um uns zu unterstützen. Um Mutter zu unterstützen, nicht uns! Die Hochzeit, nur umgekehrt. Eigentlich wären wir alle da, zu einem freudigen Ereignis, jetzt sind die alle hier zu einem traurigen Ereignis. Hochzeit. Beerdigung."[168]

Dennoch existieren in den vorliegenden Passagen, in denen es um den tragischen Unfall geht, einige Textabschnitte, die die bereits angesprochene Komik in Form eines sehr schwarzen Humors sowie das Stilmittel der (Selbst-) Ironie repräsentieren:

„Das ganze Gesicht ist übersät mit blutigen Kratzern. Aha, von der Windschutzscheibe bestimmt. Alle Kratzer zeigen in die gleiche Richtung, als hätte Freddy von *Nightmare on Elmstreet* mal kurz guten Tag gesagt. Sie hat ein geschwollenes blaues Auge und eine genähte Platzwunde an der Stirn. Bestimmt der Aufprall aufs Lenkrad oder das Armaturenbrett. Und das Schlimmste, da war ich gar nicht drauf gefasst, ihre ganzen schönen blonden langen Haare sind zu kurzen, dicken, verkokelten Dreadlocks geschmort. Haare schmilzen offensichtlich, wie man sich das eher bei einer Plastikperücke vorstellen würde."[169]

---

[167] ROCHE (2011), S.7f.
[168] ROCHE (2011), S.150.
[169] ROCHE (2011), S.146.

> [...]
> „Das kann so schlimm werden, dass sie sich umbringen will. Bitte bleiben Sie Tag und Nacht bei ihr für die nächsten Wochen, und passen Sie auf, dass sie sich nicht suizidiert. Alles klar, ich habe eine neue Aufgabe. Die Heldenaufgabe: Mutter am Selbstmord hindern. Mach ich, kein Problem, das kann ich."[170]

Nachfolgender Textausschnitt ist ein klarer Indikator für einen weiteren inhaltlichen Schwerpunkt, der sich in der Thematisierung des Verhaltens der Medienlandschaft bzw. in einer ausgeprägten Medienkritik manifestiert:

> „In dem Moment, wo der Unfall passierte, war unsere Liebe kaputt, das kann kein Paar verkraften. Auf dem Weg zur eigenen Hochzeit. Er hat die *Druck*-Zeitung in der Hand. Ist der verrückt geworden? Wir waren doch anständige Menschen, die sich an ihre moralischen Gesetze auch halten. Meistens jedenfalls. Und was die *Druck*-Zeitung anging immer! Er sieht sehr besorgt aus und bittet mich auf den Flur. Das Muttertier schläft noch. Ich schwinge mich aus dem Bett und im Schlafanzug mit ihm raus. Es ist klar, dass es etwas mit dem Unfall zu tun hat. Klar, was denn sonst, ich mache mich auf einiges gefasst. Aber darauf kann man sich nicht gefasst machen. Er gibt mir das Blatt, es ist schon auf der richtigen Seite aufgeschlagen. Diese Schweine haben, wie auch immer sie daran gekommen waren, ein Foto von der Unfallstelle abgedruckt, über eine halbe Seite. Ich starre auf das abgebrannte Auto, das Gerippe, indem meine Brüder ums Leben gekommen sind. Ich wollte das Bild niemals sehen. Aber in dem Moment brennt es sich für immer in mein Hirn, dank der Druck-Zeitung!"[...]
> „Der Tatort, abfotografiert für die Öffentlichkeit. Wo ist da der Nachrichtenwert? Für mich ist das Leichenfledderei. Sie haben unserer Familie etwas geklaut, nämlich das private Andenken, die privaten Bilder."[171]

Berücksichtigt man die im nachfolgenden Abschnitt beschriebene Distribution/Vermarktungsstrategie von ROCHE sowie dem PIPER Verlag und unterstellt hier ein absichtsvolles Handeln bezüglich einer kommerziellen Nutzung der Familientragödie, so erscheint die oben zitierte Medienkritik wie ein Kokettieren mit dieser Thematik. Zudem erinnert die hier erfolgte Medienkritik an einige Textpassagen aus STUCKRAD-BARRES *Soloalbum,* in denen der Autor ebenfalls eine ausführliche Medienkritik vornimmt:

> „[...] Neben mir steht nun ein armseliger, Tja, wie soll man sagen, er nennt sich Journalist. [...] Der Typ ist eine arme Wurst. [...] Wenn er einem nicht gerade was von neuen Projekten, großartigen Geschichten oder sehrgutgelaufenen Exklusivinterviews erzählt, redet er über „hervorragenden Blattspinat" oder „phantastischen namenlosen Wein" aus Weisichnich. Seine Angeberei ist wirklich grotesk mit ihrem Nichtsdahinter – in einem länglichen Artikel über nichts weiter als einen alten Musiker streute er unlängst ein, dass „Die Stadt seit Wochen in diesiges Licht getaucht ist". [...] Und als sei das noch nicht genügend Unfug, werfen die Häuser auch noch „Schlagschatten". Ich bin mir ganz sicher, dass er demnächst über klassische Musik referieren wird, das ist nicht mehr weit, Techno und Songwriter und Rock sowieso hat er alles durch. [...] Arme Sau. Wenn ich ihn sehe, möchte ich am liebsten 5 Mark zustecken und weitergehen. [...]"[172]

---

[170] ROCHE (2011), S.147f.
[171] ROCHE (2011), S.162f.

Charlotte ROCHE und Benjamin VON STUCKRAD-BARRE kritisieren beide die Medienlandschaft, obwohl sie als TV-Moderatorin bzw. Autorin sowie er als Journalist im Print-, Radio- und Fernsehbereich selbst Teil der Massenmedien sind. STUCKRAD-BARRE bemängelt implizit die fehlende Selbstironie seines Kollegen, über die er als Erzähler verfügt. ROCHE geht noch einen Schritt weiter und kokettiert wie bereits angesprochen auf eine selbstironische Art und Weise mit dieser Thematik, da sie einerseits das Verhalten der Medien scharf kritisiert, andererseits aber genau dieses Verhalten zeigt und es sogar noch kommerziell für sich zu Nutzen macht. Weiterhin scheint Charlotte ROCHE das Stilmittel der Selbstironie zu nutzen, um den Wahrheitsgrad der geschilderten Situationen zu verschleiern und somit eventuellen Kritikern weniger Angriffsfläche zu bieten. Sie schafft sich auf diese Art und Weise mehr Möglichkeiten, unangenehmen kritischen Stimmen aus dem Weg zu gehen bzw. diese zu verstreuen. Die Einschätzung RUTSCHKYS, dass Ironie eine geeignete Darstellungsmöglichkeit ist, „dem Gefälle zwischen einem trivialen Alltag [...] und dem dennoch krass ausgelebten Schmerz des Unglücklichen"[173] gerecht zu werden, scheint auf Charlotte ROCHE ebenfalls zuzutreffen, da *Schoßgebete* in letzter Konsequenz ein selbsttherapeutischer Charakter attestiert werden kann. Bestimmte grausame Vorkommnisse scheint die Autorin noch nicht verarbeitet zu haben und können anscheinend lediglich anhand des Stilmittels der Ironie schriftlich zu Papier gebracht werden. Dies kann beispielsweise an der bereits erwähnten Textpassage aufgezeigt werden:

> „Und das Schlimmste, da war ich gar nicht drauf gefasst, ihre ganzen schönen blonden langen Haare sind zu kurzen, dicken, verkokelten Dreadlocks geschmort. Haare schmilzen offensichtlich, wie man sich das eher bei einer Plastikperücke vorstellen würde."[174] [...]
> Alles klar, ich habe eine neue Aufgabe. Die Heldenaufgabe: Mutter am Selbstmord hindern. Mach ich, kein Problem, das kann ich."[175]

Die einleitenden Sätze: "Dieser Roman basiert auf einer wahren Begebenheit. Darüber hinaus ist jede Ähnlichkeit mit lebenden oder toten Personen sowie realen Geschehnissen rein zufällig und nicht beabsichtigt" im Innencover des Romans unterstützen diese Einschätzung. Da das Stilmittel der Selbstironie von Popliteraten gerne genutzt wird, kann in diesem Zusammenhang eine weitere Kongruenz zwischen der Gattung *Popliteratur* und Charlotte ROCHES Werk interpretiert werden. Eine Überschneidung des inhaltlichen Merkmales der Adoleszenz kann dem Werk ebenso attestiert werden, da es wie *Feuchtgebiete* auch starke autobiografi-

---

[172] VON STUCKRAD-BARRE (2000), S.29f.
[173] RUTSCHKY (2003), S.112.
[174] ROCHE (2011), S.146.

sche Züge aufweist. Charlotte ROCHE war zum Zeitpunkt der Publikation 33 Jahre alt und berichtet in *Schoßgebete* über Erfahrungen aus ihrem eigenen Leben, was sie auf Nachfrage bestätigt hat.[176] Sie können bezüglich des Zeitraumes in die Entwicklungsphase der Adoleszenz eingeordnet werden, da der von ROCHE thematisierte Unfall 2001 stattgefunden hat und die Protagonistin zu diesem Zeitpunkt somit 23 Jahre alt war.[177] In diesem Jahr wollte sie ihren damaligen Freund, den Musikjournalisten Eric PFEIL, in London heiraten. Auf dem Weg dorthin verunglückten ihr Bruder William (21), ihr Halbbruder David (9) und Dennis (6), das Pflegekind von ROCHES Mutter Liz BUSCH und ihr Ex-Ehemann Ulrich BUSCH. Die Gemeinsamkeiten zwischen der Schilderung in *Schoßgebete* und dem tatsächlichen Unfall lassen sich an verschiedenen Fakten nachvollziehen. Beispielsweise erlitt ihre Mutter bei dem Unfall auf der belgischen Autobahn kurz vor Antwerpen ebenfalls schwere Verbrennungen und sogar die Altersangaben der drei gestorbenen Jungen stimmen genau überein.

6.2 Distribution

Die Vorgehensweise bei der Distribution der *Schoßgebete* erinnert sehr daran, wie sie bereits bei *Feuchtgebiete* im Jahr 2008 Anwendung gefunden hat. ROCHES zweites Werk wird nun nicht mehr beim *DuMont*, sondern beim *Piper*-Verlag publiziert, da sie ihrem Verleger Marcel HARTGES gefolgt ist. Die Vermarktungsstrategie bleibt dennoch die Gleiche, da auch bei den *Schoßgebeten* ausgesprochen zielgerichtet eine möglichst hohe mediale Präsenz der Autorin sowie des Romans angestrebt wird, was in diesem Fall erneut durch die Nutzung sämtlicher Medienkanäle umgesetzt wurde. Die facettenreiche mediale Unterstützung wird anhand entsprechender Werbevideos (Teaser) auf *YouTube*[178] sowie der Nutzung der *Facebook*-Plattform,[179] auf der auf ROCHES Seite unter anderem auch die Gesellschaft für experimentelle Pornographie zu Wort kommt, deutlich. In dem angesprochenen Teaser rührt Charlotte ROCHE kräftig die Werbetrommel und kündigt an: „Wer dachte, *Feuchtgebiete* ist krass, muss sich hierbei richtig anschnallen!" Des Weiteren wurde die Nutzung der modernen Medien durch eine gezielte Pressestrategie des *Piper*-Verlages flankiert, die wiederum auf größtmöglicher Geheimhaltung basierte. In diesem Zusammenhang erhielten Journalisten beispielsweise erst zwei Tage vor dem offiziellen Erscheinungstermin (12.08.2011) Rezensionsexemplare, damit niemand schon vorher Details ausplaudern konnte. Außerdem wurden

---

[175] ROCHE (2011), S.147f.
[176] Vgl. HEIDBÖHMER (2011) `Charlotte Roche stürmt die Bestsellerliste`
[177] Vgl. Ebd.
[178] Vgl. ROCHE (2011) `YouTube-Teaser Schoßgebete`.
[179] Vgl. ROCHE (2011) `Facebook-Schoßgebete`.

spezifische Medien zwecks einer Vorabberichterstattung gezielt ausgewählt, wobei lediglich *Der Spiegel* ein Exklusiv-Interview bekam und sich ROCHE ausschließlich der Zeitschrift "Brigitte" für ein großes Porträt zur Verfügung stellte.[180] Zusätzlich bewarb der Verlag das Werk ausführlich auf seiner Homepage und lenkte die Aufmerksamkeit der möglichen Rezipienten zielgerichtet auf prekäre Themen wie Sexualität und Monogamie in der Ehe. Hierzu bediente er sich entsprechender Rezensionen sowie eines zeitgemäßen medialen Auftrittes in Form eines Videostreams von Charlotte ROCHE, die darin Fragen zu ihrem Werk beantwortet.[181] Die angewendete Marketingstrategie wurde zudem durch eine große Lesetournee begleitet, bei der die Autorin in großen deutschen Städten, wie beispielsweise Hamburg und Bremen, aus ihrem Werk vorgelesen hat. Als marketingwirksames Zugpferd der vorliegenden Distribution kann der anscheinend gewollte bzw. bewusst herbeigeführte Skandal angeführt werden, bei dem es um die öffentliche Thematisierung bzw. Ausschlachtung der Familientragödie (Unfall) ging. In diesem Zusammenhang meldete sich Ulrich BUSCH, der vierte Ehemann von Charlotte ROCHES Mutter, Liz BUSCH, bei *Stern.de* zu Wort und beklagte sich darüber, dass das Familienunglück: "Ohne Rücksicht, Skrupel und Respekt"[182] zur Schau gestellt und vermarktet wird. Er wirft der Autorin in dem besagten Interview zudem Charakterschwäche vor und erzählt, dass Charlotte ROCHE ihn „unter einem Vorwand" dazu bewegen wollte, ihr die komplette Dokumentation des Unfalls inklusive Anwalt und Behördenschreiben, Todesschein und Obduktionsberichten auszuhändigen. Die bereits im Abschnitt Inhaltliches erwähnten Überschneidungen in Form der Altersgleichheit bei den Brüdern sowie der vorangestellte und immer wieder in den Medien fokussierte Passus: "Dieser Roman basiert auf einer wahren Begebenheit. Darüber hinaus ist jede Ähnlichkeit mit lebenden oder toten Personen sowie realen Geschehnissen rein zufällig und nicht beabsichtigt" lassen eine Einordnung als Zufall als äußerst wohlwollend erscheinen. Zudem lässt die medial aufgebauschte Reaktion des Stiefvaters ebenfalls den Verdacht aufkommen, dass es sich hierbei um eine systematisch gesteuerte Werbekampagne handelt, die rein kommerziellen Zwecken dienlich sein sollte.

Zusammenfassend kann die vorliegende Distribution des Werkes als sehr erfolgreich eingestuft werden. Die erzielte Popularität und die Verkaufszahlen sprechen auch dieses Mal für sich. *Schoßgebete* schaffte es von Null auf Position 1 der Bestsellerlisten und schöpfte die Startauflage von einer halben Million Exemplare binnen weniger Tage aus. Zudem teilte der

---

[180] Vgl. HEIDBÖHMER (2011) `Mit kalkuliertem Skandal zum Megaseller`
[181] Vgl. ROCHE (2011) `Homepage Piper-Verlag`.
[182] Vgl. HEIDBÖHMER (2011) `Charlotte Roche stürmt die Bestsellerliste`

Piper-Verlag schon nach kurzer Zeit mit, die zweite Auflage drucken zu wollen.[183] Die Einschätzung, die bereits bei der Vermarktungsstrategie der *Feuchtgebiete* getroffen wurde, kann auf die Distribution der *Schoßgebete* übertragen werden, sie erscheint wie eine Blaupause der Strategie aus dem Jahr 2008. Dies ist wohl unter anderem dem Fakt geschuldet, dass mit Marcel HARTGES exakt der gleiche Verleger tätig war. Auch die vorliegende Kampagne erinnert sehr an die aus der *Popliteratur* bekannte Vorgehensweise, die eine Personalisierung der Autoren und eine möglichst prägnante, authentische und breite Medienpräsenz anstrebt. Auch hier gibt es viele Beispiele für Autoren, die selbst dafür sorgen, dass sie und ihr Werk die entsprechende Medienpräsenz erhalten. Des Weiteren werden auch hier, genau wie bei ROCHE (FACEBOOK, YOUTUBE) möglichst viele synergistische Effekte zwischen Literatur, Print- und audiovisuellen Medien angestrebt, die eine wechselseitige Wirkungsverstärkung bzw. ein gegenseitiges Profitieren implizieren. Die bei *Schoßgebete* sowie *Feuchtgebiete* angewendete Vermarktungsstrategie verfolgt, wie in der *Popliteratur* üblich, eine konsumentenorientierte Ausrichtung und verfolgt das Ziel einer geschlossenen Corporate Identity.

6.3 Fazit Schoßgebete

Der vorliegende Abschnitt soll klären, ob das 2. Werk von Charlotte ROCHE *Schoßgebete* ebenfalls in die literarische Entwicklungslinie der *Popliteratur* eingeordnet werden kann. Wie bereits aus der Analyse von *Feuchtgebiete* bekannt, basiert auch die sich anschließende Zuordnung argumentativ ausschließlich auf der Analyse des Werkes. Die grundlegende Fragestellung der Arbeit, ob die *Popliteratur* 2001 ihr offizielles Ende gefunden hat und ob aufgrund dessen Charlotte ROCHE der Status einer *Popliteratin* zu Teil werden kann oder nicht, wird nächsten Abschnitt abschließend beantwortet. *Schoßgebete* kann meiner Ansicht nach, wie *Feuchtgebiete* bereits auch schon, in die Entwicklungslinie der *Popliteratur* eingeordnet werden, da das Werk eine Vielzahl an *popliteraturtypischen* inhaltlichen sowie formalsprachlichen Merkmalen aufweist. Es existieren beim vorliegenden Werk zwei primäre ausführlich thematisierte inhaltliche Überschneidungen zur *Popliteratur*. Sie definieren sich einerseits in der Thematisierung von Sexualität bzw. einer gestörten Sexualität, die hier in einer engen Verknüpfung zu weiteren *popliteraturtypischen* Inhalten wie Orientierungslosigkeit und Identitätsfindung steht sowie anderseits in der Aufbereitung des Merkmals der Tragik. Dieses Merkmal impliziert die Inhalte der Angst, des Liebesverlustes sowie die Entfremdung vom eigenen Partner. In Form der Adoleszenz existiert ein weiteres erwähnenswertes überlappen-

---

[183] Vgl. Ebd.

des Merkmal. Zudem lassen sich viele weitere unterschiedliche Schnittmengen wie beispielsweise in der Erzählposition finden. Auch bei ROCHE tritt, wie in der *Popliteratur* üblich, der Hauptprotagonist aus der personalen Sicht eines Ich-Erzählers auf und erlebt in dieser Rolle komische, teilweise absurde oder auch tragische Geschichten. Die verwendete Sprachwahl zeigt sich in Form einer präzisen und anschaulichen Umgangssprache mit vielen inneren Monologen und kurzen Sätzen und stellt ebenfalls eine Überlagerung zur *Popliteratur* dar. Außerdem verfasst auch Charlotte ROCHE in einer kurzen Romanform. Eine weitere auffällige Parallele liegt, wie bei den *Feuchtgebieten* bereits auch schon, in der Form der Distribution bzw. in der Vermarktung des Werkes. Wie in der *Popliteratur* wird *Schoßgebete* von der Autorin als auch vom *Piper* Verlag als ein gängiges Mainstreamprodukt verstanden, das für einen möglichst großen kommerziellen Erfolg bei einem Massepublikum konzipiert wurde. Die angesprochene Mainstream-Tauglichkeit impliziert ein leichtes, nicht zu experimentelles und somit mehrheitsfähiges Produkt. Diesen Attributen kann *Schoßgebete* definitiv gerecht werden. Charlotte ROCHE hat ihr Werk ebenfalls aus der Intention heraus verfasst, auf gesellschaftliche Erneuerungen zu reagieren bzw. diese hervorrufen, was ebenfalls eine angestrebte Wirkung der *Popliteraten* darstellt. Dies wird z.B. daran ersichtlich, dass ihr Roman auch als eine Analyse der Gegenwart gelesen werden kann, in der ein gesellschaftlicher Konsens fehlt – etwa in Erziehungsfragen. Letztendlich möchte sie zudem *popliteraturtypische* Wirkungen wie Provokation und Schock hervorrufen. Zusammenfassend kann das Werk kann also ebenfalls als „*pop*-ulär" bezeichnet werden.

7 Fazit zu Charlotte Roche

Zunächst soll chronologisch auf die in der Einleitung formulierten Fragestellungen bezüglich des Endes der *Popliteratur* 2001 zurückgekommen werden. Grundsätzlich erscheint es sehr fraglich, den Anschlag auf das World Trade Center 2001, der zudem angeblich das Ende der bis zu diesem Zeitpunkt vorherrschenden Spaßgesellschaft als Konsequenz mit sich brachte, für ein offizielles Ende einer ganzen literarischen Entwicklungslinie verantwortlich zu machen. Der formulierte Standpunkt ist damit zu begründen, dass bereits der vom Feuilleton so häufig formulierte Zusammenhang zwischen *Popliteratur* und Spaßgesellschaft angezweifelt werden muss. Sie war noch nie der phänomenologische Ausdruck einer Spaßgesellschaft, da sie inhaltlich immer schon extremen Spaß mit genauso extremem und radikalem Ernst verknüpft. Wie lassen sich sonst die von ihr behandelten Leitmotive wie Sehnsüchte, Perspektiv- und Orientierungslosigkeit, Zweifel, Hoffnungslosigkeit und Angst erklären bzw. mit der Thematik einer hedonistisch angehauchten Spaßgesellschaft vereinbaren? Vorangestellte Fakten implizieren, dass ein nicht existenter Zusammenhang auch nicht als Evidenz für ein hypothetisches Ende der *Popliteratur* herangezogen werden kann. Natürlich muss der Einschätzung zugestimmt werden, dass die gesellschaftliche und soziale Stimmung nach dem Anschlag eine andere war und die vorher so heile westliche Welt sich nun plötzlich mit einer bedrohlichen terroristischen und militärischen Konfliktlage konfrontiert sah. Diese Entwicklung brachte grundsätzlich auch eine Veränderung der kulturellen und gesellschaftlichen Situation in Deutschland mit sich, da nun natürlich ein Umdenken bei den Menschen einsetzte und ernsthaftere Themen wie beispielsweise Weltpolitik in den geistigen Fokus rückten. Meiner Ansicht nach können die Veränderungen der spezifischen gesellschaftlichen und die damit zusammenhängenden Auswirkungen auf die literarische Situation innerhalb der Bundesrepublik Deutschland im Vergleich zu 1990 vielleicht einen temporären Sinneswandel hin zu mehr Ernsthaftigkeit beim gemeinen Rezipienten bewirkt haben, dennoch kann auch anhand dieses Umstandes nicht ein plötzliches Ende der *Popliteratur* erklärt werden. Das reale Älterwerden der damaligen Verfasser, was wiederum mit einem individuellen Sinneswandel ihrer Person einherging ist meiner Meinung nach eher ein Umstand, der eine Wirkung erzielt haben könnte. Waren sie in den 1990-er Jahren noch alle in einem adoleszenten Alter und publizierten über entsprechende Thematiken, so wurden auch sie älter und überschritten die nachfolgenden Entwicklungsphasen wie die Postadoleszenz. Dies begründet die Erschließung neuer altersgemäßer Themenbereiche. Bezeichnete Autoren publizieren also nach wie vor oder es sind neue adoleszente bzw. postadoleszente Schriftsteller/innen an ihre Stelle getreten, die nun nur auf eine andere Art und Weise „*pop*-uläre" Inhalte transportieren. Weiterhin scheint es plausibler, den zur Jahrtausendwende einsetzenden, ökonomischen Prozessen eine Wirkung zu attestieren, da sie eine bestimmte Form des Literaturbetriebes unmöglich gemacht haben, der in einem wichtigen Zusammenhang mit der *Popliteratur* stand. Gemeint ist hiermit die bereits in der Arbeit thematisierte Wirtschaftskrise, die durch ein Platzen der „dot-com-Blase" zustande kam und vielen Kleinanlegern ihr finanzielles Fundament nahm. Dies führte die deutschsprachige Medienlandschaft in eine schwere Krise und sorgte beispielsweise dafür, dass namhafte Tageszeitungen ihre kulturellen sowie literarischen Sparten kürzten oder entsprechende Beilagen einstellten. Diese Konsequenzen standen sinnbildlich dafür, dass publizistische Tätigkeiten nun ernsthafteren Dingen weichen mussten. Auch die Frage, ob „Epochenschwellen" festgelegt bzw. fließend verlaufen, kann eindeutig beantwortet werden. Epochenschwellen oder literarische Entwicklungslinien verlaufen fließend bzw. überlappend und somit ist die Vorgehensweise vieler Kritiker anzugreifen, direkt so drastisch und endgültig vom Ende einer ganzen literarischen Entwicklungslinie in Bezug auf 2001 zu sprechen. Sicherlich hatte die *Popliteratur* Ende der 90-er Jahre ihren Höhepunkt und ihre Popularität flaute danach ab, der Vergleich mit einem sofortigen Ende der gesamten Literaturströmung ist in diesem Zusammenhang jedoch unrealistisch. Es macht keinen Sinn, ein nach 2001 verfasstes Werk, das viele charakteristische formalsprachliche und inhaltliche Kriterien der *Popliteratur* aufweist, einer neuen Strömung zuzuordnen bzw. eine neue zu erschaffen. Wäre der Verfassungszeitpunkt ein Ausschlusskriterium für eine Zuordnung zu einer Gattung, würde eine übersichtliche Literaturstruktur als unmöglich erscheinen. Eine solche Vorgehensweise wäre meines Erachtens unpraktikabel und würde zu Verwirrung führen. Insofern besteht meiner Ansicht nach kein Hinderungsgrund, Werke, die charakteristische formalsprachliche und inhaltliche Kriterien einer Literaturströmung bzw. Gattung erfüllen, auch nach einem bestimmten Erscheinungsdatum der entsprechenden Strömung zuzuordnen. Um auf die Quantität formalsprachlicher und inhaltlicher Kriterien zurückzukommen, die ein Werk aufweisen muss, um einer Strömung zugeordnet werden zu können, existieren bereits Anhaltspunkte in der Fachliteratur. Einzeln genannte Kriterien können natürlich unabhängig voneinander in jedem beliebigen Werk gefunden werden, in diesem Kontext ist es jedoch relevant, dass sie sich, wie beispielsweise PAULOKAT[184] formuliert „in ihrem Zusammenspiel beispielsweise zu einer besonders pop-typischen Literatur" potenzieren. Im Umkehrschluss existieren selten sämtliche Kriterien innerhalb eines Werkes, aber desto mehr von ihnen

---

[184] Vgl. PAULOKAT (2006), S. 88.

nachweisbar sind, desto eher ist das Werk auch der spezifischen Strömung zuzuordnen. Werden zum Beispiel nur einige wenige Merkmale der *Popliteratur* erfüllt, so kann bei einem vorliegenden Werk von „Popnähe" ausgegangen werden. Bei den analysierten Romanen *Feuchtgebiete* (2008) und *Schoßgebete* (2011) existieren eine Vielzahl *popliterarischer* Merkmale und es kann ihnen aufgrund dessen nicht nur Popnähe, sondern eine absolute Zugehörigkeit zur Strömung der *Popliteratur* attestiert werden. Außerdem war *Popliteratur* die erste Literaturform, der es in Deutschland gelungen ist, sich entgegen der konformen moralischen und politischen Sinnstiftung und dem moralischen Rigorismus der deutschen Literaturkritik zu etablieren. Denkt man an die Hochkonjunktur-Phase der *Popliteratur* in den 90er-Jahren zurück, so manifestiert sich in dieser Leistung eine bleibende und bis heute immer noch anhaltende Bedeutung. Dieselbe Leistung hat Charlotte ROCHE ebenfalls erbracht, hat sie doch das Novum des pornographischen Inhaltes entgegen jeder traditionellen, moralisch angehauchten und rigorosen Literaturkritik in der deutschsprachigen literarischen Landschaft etabliert und so den Weg für nachkommende Werke wie *Shades of Grey* geebnet. Meiner Ansicht nach kann Charlotte ROCHE aufgrund dieses Umstandes sowie der in den beiden Werksanalysen genannten Argumente somit als „Popliteratin" bezeichnet werden. Anders ausgedrückt steht ihre Person charakteristisch für junge Schriftsteller/innen mit (Post-) Adoleszenzthematiken und für den Umstand, dass spezifische *Pop*-Elemente nun in andere Literaturbereiche/Strömungen diffundiert sind und dort weiterleben. Sie laufen heutzutage eben nur nicht mehr unter „Popliteratur", sondern unter anderen Bezeichnungen.

8 Literaturverzeichnis

8.1 Primärliteratur

ARNOLD, Heinz Ludwig (2003) *Pop-Literatur.* Text+ Kritik Sonderband. München: Richard Boorberg Verlags GmbH.

BAßLER, Moritz (2002) *Der deutsche Pop-Roman. Die neuen Archivisten.* München: Verlag C.H. Beck ohG,.

BESSING, Joachim (2001) *Tristesse Royal. Das popliterarische Quintett.* München: List Verlag.

BUTLER, Judith (1991) *Das Unbehagen der Geschlechter.* Frankfurt am Main: Suhrkamp Verlag

ERNST, Thomas (2001) *Popliteratur.* Hamburg: Rotbuch Verlag.

FRANK, Dirk (2003) *Popliteratur.* Texte und Materialien für den Unterricht. Dietzingen: Reclam Verlags GmbH.

DEGLER, Frank / PAULOKAT Ute (2008) *Neue Deutsche Popliteratur.* Paderborn: Wilhelm Fink Verlag GmbH.

DIEDRICHSEN, Diedrich (2002) *Sexbeat. Von 1972 bis heute.* Köln: Kiepenhauer & Witsch Verlag.

DIEDRICHSEN, Diedrich (1997) *Ist was Pop?* Köln: Kiepenhauer & Witsch Verlag.

GRABIENSKI, Olaf (2011) *Poetik der Oberfläche: Die deutschsprachige Popliteratur der 1990er Jahre.* 1. Auflage. München: Walter de Gruyter Verlag.

HAUSMANN, Raoul (1977) *Dada empört sich, regt sich und stirbt in Berlin.* In: Dada Berlin. Texte. Manifeste. Aktionen / Karl Riha (Hg.): Stuttgart: Reclam Stuttgart Verlag.

HAUSMANN, Raoul (1972*) Am Anfang war Dada.* Hg. von Karl RIHA. Gießen: Steinbach Verlag.

ILLIES, Florian (2000) *Generation Golf. Eine Inspektion.* Berlin: Argon-Verlag.

ILLIES, Florian (2003) *Generation Golf zwei.* 1. Auflage. München: Karl Blessing Verlag;

KAUER, Katja (2008) *Pop und Männlichkeit : zwei Phänomene in prekärer Wechselwirkung?* 1.Auflage. Berlin: Frank & Timme Verlag.

KORTE, Hermann (2007) *Die Dadaisten.* 5. Auflage. Reinbek: Rowohlt-Verlag.

KRACHT, Christian (1997) *Faserland.* Genehmigte Taschenbuchausgabe März 1997. Köln: Kiepenhauer & Witsch Verlag.

KUTTNER, Sarah (2009) *Mängelexemplar.* Frankfurt am Main: S. Fischer Verlag.

MEHRFORT, Sandra (2009) *Popliteratur. Zum literarischen Stellenwert eines Phänomens der 1990er Jahre.* Karlsruhe: Info Verlag GmbH.

MEINECKE, Thomas (2000) *Tomboy.* 5.Auflage. Frankfurt am Main: Suhrkamp Verlag.

MENKE, Andre (2010) *Die Popliteratur nach ihrem Ende: Zur Prosa Meineckes, Schamonis, Krachts in den 2000er Jahren.* 1. Auflage. Berlin: Posth Verlag.

PAETEL, Karl (1962) *Beat Anthologie.* Texte übersetzt von Willi Anders. Reinbek bei Hamburg: Rowohlt Verlag.

PANKAU, Johannes (2004) *Pop-Pop-Populär: Popliteratur und Jugendkultur.* 1. Auflage. Oldenburg: Isensee Verlags GmbH.

PAULOKAT, Ute (2006) *Benjamin von Stuckrad-Barre. Literatur und Medien in der Popmoderne.* Frankfurt am Main: Europäischer Verlag der Wissenschaften.

PRECKWITZ, Boris, Nikolaus (2005) *Spoken word und poetry slam. Kleine Schriften zur Interaktionsästhetik.* Wien: Passagen Verlag.

ROCHE, Charlotte (2008) *Feuchtgebiete.* Köln: Du Mont Buchverlag.

ROCHE, Charlotte (2011) *Schoßgebete.* München: Piper Verlags GmbH.

RIHA, Karl (1994) *Dada total. Manifeste, Aktionen, Texte, Bilder.* Stuttgart: Reclam Verlag.

SEILER, Sascha (2006) *Das einfache wahre Abschreiben der Welt. Pop-Diskurse in der deutschen Literatur nach 1960.* 1. Auflage. Göttingen: Vandenhoeck & Ruprecht Verlag.

SCHÖNAUER, Michael und Joachim (1997-2001) *Social Beat Slam!Poetry.* 3. Band. Asperg: Killroy Media Verlag.

ULLMAIER, Johannes (2001) *Von Acid nach Adlon und zurück. Eine Reise durch die deutschsprachige Popliteratur.* 1. Auflage. Mainz: Ventil Verlag.

VON LANGE, Alexa Henning (2004) *Relax.* 8. Auflage. Hamburg: Rowohlt Taschenbuch Verlag.

VON STUCKRAD-BARRE, Benjamin (1999) *Livealbum.* Originalausgabe. Köln: Kiepenheuer &Witsch Verlag.

VON STUCKRAD-BARRE, Benjamin (2000) *Soloalbum.* 13. Auflage. Köln: Kiepenheuer &Witsch Verlag.

8.2 Forschungsliteratur

BAUMGART, Reinhard (2001) *„Im Chaos fischen. Thomas Meinecke taucht ab ins Diffuse: „Hellblau""*. In: DIE ZEIT, Ausgabe 41, S.28-30.

BEIKÜFNER, Uta (2001) *„Alle tanzen doch niemand kennt die Platten"*. In: FINANCIAL TIMES DEUTSCHLAND vom 31.08.2001.

BERBIG, Roland (2000) *Theodor Fontane im literarischen Leben. Zeitungen und Zeitschriften, Verlage und Vereine*. Schriften der Theodor Fontane Gesellschaft, 3. Dargestellt von Roland Berbig unter Mitarbeit von Bettina Hartz. Berlin: De Gruyter Verlag, S. 61–70.

BETZ, Gertrude (1977) *Die Beatgeneration als literarische und soziale Bewegung*. In: Kasseler Arbeiten zur Sprache und Literatur. Johannes Anderegg, Manfred Raupach, Martin Schulze (Hrsg.). Band 2. Frankfurt am Main: Peter Lang Verlags GmbH.

BOENISCH, Peter M. (2001) *„Mein Text weiß mehr als ich"*. In: SÜDDEUTSCHE ZEITUNG vom 09.10.2001.

DEGLER, Frank (2006) *Sekrete Kommunikation. Zum Motiv der Körperflüssigkeit in der Neuen Deutschen Popliteratur*. In: Epochen/Krankheiten. Konstellationen von Literatur und Pathologie, Frank Degler und Christian Kohlroß (Hrsg.), S.265-287.

FEIEREISEN, Florence (2003) *Die Entwicklung der deutschsprachigen Popliteratur. Ein Forschungsbericht*. Magisterarbeit. Universität Heidelberg.

FARKAS, Wolfgang (1999) *Die Voraussetzung ist Größenwahn."Jeder in Deutschland möchte berühmt werden."* Der Autor BENJAMIN VON STUCKRAD-BARRE über sein Image und seine Motivation. In: SÜDDEUTSCHE ZEITUNG vom 28.10.1999.

FIEBIG, Gerald (1999*) „Jäger und Sampler"*. In: testcard. Beiträge zur Popgeschichte, Ausgabe 6, S.131-135.

FRITZ, Martin (2008) *„Ist doch nur Pop" – Bestimmung des Verfahrens „Pop" bzw. „Popliteratur"* mit einer exemplarischen Analyse von Thomas Meineckes „Tomboy". Diplom-Arbeit. Universität Innsbruck.

GANSEL, Carsten (2003)a *Adoleszenz, Ritual und Inszenierung in der Popliteratur*. In: Text+ Kritik / Heinz Ludwig Arnold (Hrsg.). Zeitschrift für Literatur. Sonderband. München:Richard Boorberg Verlag. S.234-254.

GANSEL, Carsten (2003)b *Von Kindheit, Pop und Faserland – Junge Deutsche Autoren zwischen Nähe und Distanz*. In: Internationales Uwe-Johnson-Forum, Nicolai Riedel (Hrsg.): Bd. 9. Berlin, New York u.a., 2003.

HAGE, Volker (1999) *Ganz schön abgedreht*. In: DER SPIEGEL, 22.03.1999, S.244-246.

HAUSMANN, Raoul (1982) *Bilanz der Feierlichkeit. Texte bis 1933.* 2. Bd. Hg. Von Michael ERLHOFF. München: Heinrich Heine Verlag.

HESS, Silvia (2001) *"Ein DJ der Worte – Schreiben als Sampling".* In: AARGAUER ZEITUNG vom 19.09.2001

HILBERT, Martin /LÓPEZ, Priscila (2011) *The World`s Technological Capacity to Store, Communicate, and Computer Information.* In: SCIENCE, Ausgabe 332, S. 60–65.

HÜLSWITT, Tobias (1999) *Das alte Rom in seinen Provinzen. Die junge deutsche Literatur kam aus dem Westen, im Osten herrschte verschüchterte Stille.* In: Internationales Uwe-Johnson-Forum, Carsten Gansel/Nicolai Riedel (Hrsg.) Bd. 9, S.204f.

JUNG, Thomas (2002) *Alles nur Pop? Die Geburt der Popliteratur aus dem Geiste von Mozart und MTV. Anmerkungen zu Benjamin von Stuckrad-Barres Roman Soloalbum.* In: Osloer Beiträge zur Germanistik, 32, S.137-156.

KAULEN, Heinrich (2002) *Der Autor als Medienstar und Entertainer. Überlegungen zur neuen deutschen Popliteratur.* In: Lesen zwischen Neuen Medien und Popkultur. Kinder- und Jugendliteratur im Zeitalter multimedialen Entertainments, Hans-Heino von Ewers (Hrsg). Weinheim/München: Juventa Verlag. S.209-228

MAILER, Norman (1992) *The White Negro.* In: The Portable Beat Reader, Ann Charters (Hrsg.), S.586-609.

PICANDET, Katharina (2011) *Der Autor als Disk(urs)-Jockey. Zitat-Pop am Beispiel von Thomas Meineckes Roman Hellblau.* In: *Poetik der Oberfläche: Die deutschsprachige Popliteratur der 1990er Jahre.* Olaf GRABIENSKI, Till HUBER, Jan Noel THON (Hrsg.). München: Walter de Gruyter Verlag, S. 126-139.

RENZ, Tilo (2011) *Wer spricht und wie? Thomas Meineckes Tomboy als literarische Theorie der Geschlechter.* In: *Poetik der Oberfläche: Die deutschsprachige Popliteratur der 1990er Jahre.* Olaf GRABIENSKI, Till HUBER, Jan Noel THON (Hrsg.). München: Walter de Gruyter Verlag, S. 70-89.

RUTSCHKY, Katharina (2003) *Wertherzeit. Der Poproman –Merkmale eines unbekannten Genres.* In: Merkur, Heft 57 .S.106-117.

SEIDL, Claudius (2002) *Als der Regen kam.* In: FRANKFURTER ALLGEMEINE ZEITUNG vom 21.09.2001, S.49.

STAHL, Enno (2003) *Trash, Social Beat und Slam-Poetry.* In: *Text+ Kritik Sonderband. Popliteratur*, Arnold, Heinz Ludwig (Hrsg.). München: Richard Boorberg Verlags GmbH.

SCHWANDER, Hans-Peter (2002) *„Dein Leben ist eine Reise mit dem Ziel Tod...". Tod in der neuen Pop-Literatur.* In: Der Deutschunterricht. Seelze 54, Heft 1. S. 72-84.

ULLRICH, Renate (2009)*Feuchtgebiete und Neue deutsche Mädchen.* In: Das Argument, Zeitschrift für Philosophie und Sozialwissenschaften. Band 3. S. 447-457.

ULRICH, Simon (2008) *Gehört mein Arsch mir?* Eine essayistische Lektüre des Erfolgsroman „Feuchtgebiete", die von Charlotte Roche nichts weiß. In: Deutsche Bücher 38, Forum für Literatur; Autorengespräch, Kritik, Interpretation. Berlin: Weidler Verlag. S. 179-196.

VONDUNG, Klaus (2002) *Nachwort nach dem 11. September 2001 über Gewalt und Fiktion und Realität.* In: Anfang offen. Literarische Übergänge ins 21. Jahrhundert. BINCZEK/GLAUBITZ und VONDUNG (Hrsg.). Heidelberg: Universitätsverlag C. Winter, S.151-155.

WERBER, Niels (2003) *Der Teppich des Sterbens. Gewalt und Terror in der neusten deutschen Popliteratur.* In: Weimarer Beiträge, Band 49, Heft 1, S.55-69.

WIEGERLING, Klaus (2000*) Lord Henry oder Fürst Pückler? Das ist hier die Frage.* In: Kritische Ausgabe KA. Zeitschrift für Germanistik und Literatur, 4/2000, Heft 1, S.9-11.

WINKELS, Hubert (1999*) „Zungenentfernung. Über sekundäre Oralität, Talkmaster, TV-Trainer und Thomas Kling".* In: Leselust und Bildermacht. Literatur, Fernsehen und Neue Medien. Winkels, Hubert (Hrsg.). Frankfurt am Main: Suhrkamp Verlag. S.104-126.

8.3 Internetquellen

ASSHAUER, Thomas (2001) *Im Reich des Scheins. Zehn Thesen zur Krise des Pop.* In: Die ZEIT, Nr.16. Nachgeschlagen unter: http://www.zeit.de/2001/16/Im_Reich_des_Scheins. (Eingesehen am 20.01.2013).

BONNE, Mirko: *Das Salinenunglück zu Grüningen-Tennstedt.* Nachgeschlagen unter: http://www.digitab.de/home/home.htm. (Eingesehen am 20.03.2013).

BUSCHHEUSER, Else (2001) *New-York-Tagebuch.* Nachgeschlagen unter: http://www.mopo.de/news/sonntag-11-11-2001--10-09-wams-,5066732,6802456.html.

CLAUß, Ulrich: *Was macht glücklich und gute Laune? - Charlotte Roche*. In: DIE WELT vom 16.11.2009. Nachricht veröffentlicht auf:
http://www.welt.de/die-welt/debatte/article5227771/Was-macht-gluecklich-undgute-Laune-Charlotte-Roche.html. (Eingesehen am 26.01.2013).

FREISE, Markus (2013) *Posts Tagged "Slam 2013". Slam 2013 nach Bielefeld*. In: Slam Owl vom 13.11.2010. Nachricht veröffentlicht auf: http://www.slam-owl.de/tag/slam-2013/. (Eingesehen am 06.02.2013.)

GRABIENSKI, Olaf (2001*) Christian Krachts Faserland. Eine Besichtigung des Romans und seiner Rezeption*. Hausarbeit am Institut für Germanistik II der Universität Hamburg, Wintersemester 2000/2001. Dokument veröffentlicht auf:
http://www.olafski.de/sites/default/files/download/kracht_faserland_rezeption_analyse.pdf. (Eingesehen am 16.03.2013.)

HEIDBÖHMER, Carsten (2011) *Charlotte Roche stürmt die Bestsellerliste*. In: STERN.DE vom 17.08.2011. Nachricht veröffentlicht auf:
http://www.stern.de/kultur/buecher/schossgebete-charlotte-roche-stuermt-die-bestsellerliste. (Eingesehen am 16.04.2013.)

HEIDBÖHMER, Carsten (2011) *Mit kalkuliertem Skandal zum Megaseller?* In: STERN.DE vom 07.08.2011. Nachricht veröffentlicht auf:
http://www.stern.de/kultur/buecher/charlotte-roches-neues-buch-schossgebete-mit-kalkuliertem-skandal-zum-megaseller-1713732.html. (Eingesehen am 16.04.2013.).

HEINEMANN, Peter (2010) *ZDF will Skandal-Buch verfilmen.* In: BZ KULTUR vom 03.09.2010. Nachricht veröffentlicht auf: http://www.bz-berlin.de/kultur/literatur/zdf-will-skandal-buch-verfilmen-article967971.html. (Eingesehen am 03.02.2013).

HENNING VON LANGE, Alexa (2013) *Bim Bam Bino*. In: *Fernsehserien.de*, nachgeschlagen unter: http://www.fernsehserien.de/bim-bam-bino. (Eingesehen am 13.03.2013).

KUTTNER, Sarah (2005) `musikexpress style award` nachgeschlagen auf:
http://www.musikexpress.de/dasarchiv/?searchString=Sarah+Kuttner&from=01.01.2005&to=

31.12.2005&pub=mse&sortBy=score&filter=&suchen=Daten+absenden.
(Eingesehen am 13.03.2013).

KUTTNER, Sarah (2011) `Ausflug mit Kuttner` nachgeschlagen auf:
http://www.einsplus.de/einsplus/ausflug-mit-kuttner. (Eingesehen am 13.03.2013).

MILLER, Anna (2011) *Run auf Roche? – nicht überall.* In: STERN.DE vom 11.08.2011.
Nachricht veröffentlicht auf:

http://www.stern.de/kultur/buecher/neuer-roman-schossgebete-run-auf-roche-nicht-ueberall-1715708.html. (Eingesehen am 16.04.2013.).

MORITZ, Rainer.: *Ekelprosa mit sekretfixierter Heldin.* In: LYRIKWELT.de vom 08.02.2008.
Nachricht veröffentlicht auf: http://www.lyrikwelt.de/rezensionen/feuchtgebiete-r.htm.
(Eingesehen am 29.01.2013).

N.N. (2012) *Lifestyle ZDFneo-Magazin „Bambule" geht in die zweite Runde/ In der ersten neuen Folge dreht sich alles um Sex.* In: FOCUS Online vom 09.10.2012, nachgeschlagen auf: http://www.focus.de/kultur/diverses/lifestyle-zdfneo-magazin-bambule-geht-in-die-zweite-runde-in-der-ersten-neuen-folge-dreht-sich-alles-um-sex_aid_834959.html.
(Eingesehen am 17.03.2013).

POLITYCKI, Matthias: *Weiberroman.* Nachgeschlagen unter: www.novel.zdf.de.
(Eingesehen am 20.03.2013).

ROCHE, Charlotte (2011) *NDR-Talkshow* vom 14.08.2011. Nachgeschlagen auf:
http://www.youtube.com/watch?v=RGGQLv3DNII. (Eingesehen am 14.03.2013)

ROCHE, Charlotte (2011) *Facebook-Schoßgebete.* Nachgeschlagen unter:
www.facebook.com/pages/Scho%C3%9Fgebete-von-Charlotte Roche/167267553347003.
(Eingesehen am 16.04.2013).

ROCHE, Charlotte (2011) *Homepage Piper-Verlag*. Nachgeschlagen unter: http://www.piper.de/buecher/schossgebete-isbn-978-3-492-30152-7. (Eingesehen am 17.04.2013).

ROCHE, Charlotte (2011) *YouTube-Teaser Schoßgebete*. Nachgeschlagen unter: http://www.youtube.com/watch?v=xjiZL-rgGiA. (Eingesehen am 16.04.2013).

ROCHE, Charlotte (2013) *Biographie*. In: Eventim, nachgeschlagen auf: www.eventim.de/charlotte-roche.biografie.html. (Eingesehen am 13.03.2013).

STRACKE, Anika: *Gegen alle Tabus. Feuchtgebiete von Roche*. In: LITERATURCAFE.de vom 22.03.2008. Nachricht veröffentlicht auf: http://www.literaturcafe.de/rezension-feuchtgebiete-von-charlotte-roche. (Eingesehen am 07.02.2013).

STUCKRAD-BARRE, Benjamin (2013) *„Stuckrad-Barre" für Grimme-Preis nominiert*. In: die Welt vom 29.01.13.
Nachricht veröffentlicht auf: http://www.welt.de/kultur/article113208425/Stuckrad-Barre-fuer-Grimme-Preis-nominiert.html. (Eingesehen am 13.03.2013).